财务会计与管理研究

郭亿方 宁丽鹏 杨志欣 著

延边大学出版社

图书在版编目（CIP）数据

财务会计与管理研究 / 郭亿方，宁丽鹏，杨志欣著
. -- 延吉 : 延边大学出版社，2022.3
ISBN 978-7-230-02841-7

Ⅰ．①财… Ⅱ．①郭… ②宁… ③杨… Ⅲ．①财务会
计－研究②管理会计－研究 Ⅳ．①F234.4②F234.3

中国版本图书馆 CIP 数据核字 (2022) 第 034627 号

财务会计与管理研究

著　　者：郭亿方　宁丽鹏　杨志欣
责任编辑：南　华
封面设计：品集图文
出版发行：延边大学出版社
社　　址：吉林省延吉市公园路 977 号　　　邮　编：133002
网　　址：http://www.ydcbs.com
E-mail：ydcbs@ydcbs.com
电　　话：0433-2732435　　　　　　传　真：0433-2732434
发行部电话：0433-2733056　　　　　　传　真：0433-2732442
印　　刷：北京宝莲鸿图科技有限公司
开　　本：787 mm×1092 mm　1/16
印　　张：11　　　　　　　　　　　字　数：203 千字
版　　次：2022 年 3 月　第 1 版
印　　次：2022 年 7 月　第 1 次印刷
ISBN 978-7-230-02841-7

定　　价：68.00 元

前　　言

　　随着我国信息化技术的应用与发展，国内企业在运营过程中也将信息化技术应用到了财务活动的各个领域，例如财务会计数据的储存已经逐渐朝着无纸化的方向发展。如何在新环境下实现企业财务会计管理模式的最优化发展，已经成为我国企业需重点关注的内容。

　　企业在运营过程中面临诸多新的风险与挑战，部分企业的财务会计管理工作频频出现问题。受资源与成本等诸多因素的影响，国内部分企业在传统运营模式中通常采用以职能为核心的组织架构，这种具有单一性的组织架构往往会极大地限制企业财务会计正常功能的发挥，导致企业资源利用率大大降低，严重削弱了企业财务会计管理工作的有效性，且对企业的运营与发展造成诸多不利影响。

　　为了更好地促进企业的运营与发展，帮助企业适应市场环境，企业财务会计管理部门应当充分提高自身的安全防范能力，将新环境下的风险防备作为工作开展的重心。同时，企业财务会计管理部门还应在日常工作中对财务会计人员严格要求，使财务会计人员在实际工作中及时对各项重要的数据信息进行备份，并且将纸质文件及时转换为电子文件加以保密储存，定期更新各类防护系统，以此降低安全风险对财务会计工作造成的影响。

　　此外，财务会计的快速发展，使我国企业的内部控制变得更加多样化，企业实现内部控制的方法也相应变得更加复杂。因此，我国企业应积极创新财务会计管理模式，以此助力企业的经营与发展。

　　由于本人水平有限，且时间仓促，书中不足之处在所难免，望各位读者、专家不吝赐教。

目　　录

第一章 会计基本理论

第一节 会计的产生与发展

一、我国会计的产生与发展

物质资料的生产是人类社会赖以生存和发展的基础,人类要生存就要消费,无论是吃、穿、住、行,都需要消耗物质资料。而要取得这些物质资料,就必须进行生产。人们在生产活动中,总是希望用较少的劳动耗费创造出尽可能多的物质财富。因此,人们在生产的同时,必须对劳动耗费和取得的劳动成果进行计量、计算和比较。所以,会计是社会生产发展到一定阶段的产物,也是为了组织和管理生产而产生,并在生产实践中不断发展的。

会计是因人类生产活动的客观需要而产生和发展的。会计的最初意义只是一些简单计量行为。大约在我国原始社会末期,随着生产的发展,生产有了剩余,为了记录劳动成果的数量,就采用了"结绳记事""刻契记数"等简单计量方法,这是我国最早出现的会计萌芽。当然,那时的会计还只是生产职能的附带部分,还没有成为一项独立的、专门的工作。

随着生产力发展到一定水平,出现了社会分工和原始的文字、数字,于是会计逐渐从生产职能中分离出来,成为一种专门的工作。

到了西周时期,随着农业、手工业及商业经济的繁荣和发展,人们对计量、记录有了更高的要求,为了满足生产经营及国家统治的需要,出现了专司朝廷钱粮收支的官吏——"司会",进行"月计岁会",即专门为官吏记载钱物收支。人们把每月零星计算称为"计",把年终总和计算称为"会","会计"一词开始使用。

到了封建社会的鼎盛时期——唐代,由于社会生产力有了较快的发展,会计也就随之发展。

到了宋朝,会计方法又有了新的发展,官厅办理钱粮移交手续时采用了较科学的会计结算方法,即"四柱结账法",也叫"四柱清册",用"四柱"来表示财产的增减变化情况。所谓"四柱",是指"旧管""新收""开除""实在",它们的含义分别相当于现代会计的"期初结存""本期收入""本期支出""期末结存"四个部分。"四柱结账法"把一定时期钱粮的收支记录,通过"旧管+新收=开除+实在"这一平衡公式进行结账。

到了明末,由于经济的发展和手工业的繁荣,会计核算又出现了以"四柱"为基础的"龙门账",它把全部账目划分为进、缴、存、该四大类,用来计算盈亏。进,相当于现在的收入;缴,相当于现在的支出;存,相当于现在的资产;该,相当于现在的负债。运用"进-缴=存-该"的平衡公式结算账目,确定盈亏。如果用这个公式试算平衡了,称为"合龙门",以此钩稽全部账目的正误。

到了清代,由于商品经济进一步发展,资本主义经济关系逐渐产生并不断发展,会计记账方法又产生了"天地合账"。在这种方法下,账簿采用垂直书写,分为上下两格,上格记收,称为"天";下格记付,称为"地",上下两格登记的数额必须相等,即所谓"天地合"。

"四柱结账法""龙门账"和"天地合账"充分显示了我国历史上各个时期传统中式簿记的特点。至于会计作为一门独立的学科,则是由我国的会计学者,在借鉴外国会计学术的成就,总结我国会计实践经验的基础上,于清末民初逐步建立起来的。

中华人民共和国成立以后,我国逐步形成了社会主义的会计理论和会计方法,制定了各种会计法规,中央及各地还相继成立了会计学会,开展了会计科学研究。1992 年 11 月 30 日,财政部发布的《企业财务通则》和《企业会计准则》,更是新中国成立以来财务会计改革方面的一次模式性的转变,它极大地推动了我国社会主义市场经济体制的建立和发展。

在认真总结我国会计改革的实践经验，借鉴国际通行做法的基础上，全国人民代表大会常务委员会先后四次对《中华人民共和国会计法》（以下简称《会计法》）进行了修订，这对完善会计法律制度，规范会计行为，提高会计信息质量，具有非常重要的意义，必将更有效地发挥会计在经济建设中的作用。

进入 21 世纪，我国经济市场化程度和全球化程度又上了一个新的台阶。20 世纪末期出现的亚洲金融危机，显示出会计信息披露的重要性。到了 21 世纪，我国资本市场发展迅速，上市公司数量逐步增多，为了适应我国经济的快速发展，我国相关部门先后出台了以下几项规定：《企业财务会计报告条例》《企业会计制度》《小企业会计制度》等。

2005 年的会计改革思路有了重大调整，由建立企业会计制度体系为主转变为以建立企业会计准则体系为主。改革的目标是，建立与我国市场经济相适应的，与国际会计准则趋同的，涵盖各类企业、各类经济业务的，能独立实施的会计准则体系。2006 年 2 月 15 日，财政部正式发布新修订的《企业会计准则——基本准则》和 38 项具体准则，同年 10 月 30 日又发布了《企业会计准则——应用指南》，自 2007 年 1 月 1 日起在上市公司范围内施行，并鼓励其他企业执行。2014 年 7 月 23 日，财政部公布《财政部关于修改〈企业会计准则——基本准则〉的决定》，《企业会计准则——基本准则》据此决定进行相应修改，重新公布。

二、国外会计的产生与发展

国外会计的产生与发展也经历了漫长的过程，其最早出现于公元前的古巴比伦王国。到了 13 世纪，在商业比较发达的意大利，已开始用"借""贷"登记债权和债务，这为近代会计的借贷记账法奠定了基础。

近现代会计的发展，是以西方产业革命和资本主义商业经济的发展为背景的。1494 年，《算术、几何、比及比例概要》一书问世，系统地介绍了复式记账法，使复式簿记得以在世界广为流传，揭开了近现代会计历史的新篇章。

18 世纪的产业革命促进了生产力的空前发展，出现了股份公司这一新的企业组织形式。股东作为投资者委托经营管理者进行经营管理，并通过一定方式核查经营者履行职责的情况；银行信贷业务的开展也促使银行分析、判断企业偿还债务的能力；政府需要监督企业合法经营的情况，商法、税法、公司法陆续在一些国家颁布执行。为适应股份公司对公开财务信息的需要，会计在簿记的基础上，逐步出现了资产、负债、资本的计量、收益的确定、会计报表的编制与审核等内容。同时，社会上还出现了以查账为职业的特许会计师。1853 年，爱丁堡特许会计师协会成立，这是世界上第一个会计职业团体，其宗旨是维护行业共同利益和社会公共权益，提高会计师的准入标准和社会声誉。1854 年 10 月 23 日，爱丁堡会计师协会获得了英国皇家的特许状，其会员使用"特许会计师"作为专有头衔。此时，会计的服务对象从企业内部扩展到企业外部的投资者、债权人和政府部门，会计的内容也从记账、算账发展到编制系统的财务报告，从而完成了簿记向会计的过渡。

19 世纪中期，随着产业革命的完成，大工业的迅速发展，为了对生产活动进行核算和监督，出现了专门核算生产耗费的会计活动。到了 20 世纪初，这种核算会计与采用复式簿记的一般会计合并，就产生了成本会计。

20 世纪 30 年代以后，为了使会计工作规范化，提高会计信息的真实性，西方国家开始研究并制定了会计准则，把会计理论与实务发展到了新水平；同时，科学技术的突飞猛进和市场竞争的日趋激烈，对企业管理提出了新的要求，即要求企业内部管理更加合理化、科学化，要求企业对外部客观经济情况具有灵活的反应和高度的适应能力。社会的发展和管理要求不断提高，丰富了会计的内容，提高了其地位和作用，比较完善的现代会计逐步形成。一般认为，成本会计的出现和完善，以及在此基础上管理会计与财务会计相分离是现代会计的开端。另外，第二次世界大战以后，由于科学技术突飞猛进，现代数学和电子计算技术被引进了会计领域。这引起了会计工艺的深刻变化，原来的"手写簿记系统"逐步为电子数据处理所代替，使会计信息系统变得更灵敏，提供的信息更加及时准确。

20 世纪 90 年代以来，信息技术与网络技术的飞速发展和知识经济时代的到来，极大地改变了会计行业。新的经济形态、新的生产方式和虚拟企业、知识资本、电子货币、数字产品等新的概念开始进入会计领域，这给会计发展带来新的机遇。

会计的发展历史说明，会计是为社会经济服务的，会计既是社会经济管理必不可少的工具，同时又是社会经济管理的组成部分。因此，会计的本质是一种管理活动。任何社会的经济管理活动，都离不开会计，经济越发展，管理越要加强，会计就越重要。

第二节 会计的含义与职能

一、会计的定义

会计是以货币为主要计量单位，以提高经济效益为主要目标，运用专门方法对企业、机关、事业单位和其他组织的经济活动进行全面、综合、连续、系统的核算和监督，并随着经济的日益发展，逐步开展预测、决策、控制和分析的经济管理活动，是经济管理活动的重要组成部分。

对这个概念可以从以下几个方面来理解：第一，会计是一项经济管理活动，它属于管理的范畴；第二，会计的对象是特定单位的经济活动；第三，会计的基本职能是核算和监督，即对发生的经济业务以会计语言进行描述，并在此过程中对经济业务的合法性和合理性进行审查；第四，会计以货币为主要计量单位，各项经济业务以货币为统一的计量单位才能够汇总和记录，但货币并不是唯一的计量单位。

二、会计的基本职能

一般认为，会计具有核算和监督两个基本职能。《会计法》（2017 年修正）规定："会计机构、会计人员依照本法规定进行会计核算，实行会计监督。"这是从法律上明确了会计的基本职能是会计核算和会计监督。

（一）会计的核算职能

会计的核算职能，是指以货币为主要计量单位，通过确认、计量、记录、计算、报告等环节，从价值量上连续、系统和完整地反映各单位已经发生或完成的经济活动情况，为各有关方面提供会计信息的功能。

会计的核算职能也称反映职能，会计核算具有以下特点。

1.会计主要以货币为计量单位

会计核算主要以货币为计量单位，但有时也使用劳动量度和实物量度，目的是改善货币量度的效果，或者是扩大和丰富会计核算提供的数据资料，这在企业的存货核算、成本核算等方面尤为突出。

2.会计主要核算已经发生或已经完成的经济活动

会计通过一系列的专门核算方法，将已经发生或完成的经济活动情况记录下来，并对记录下来的会计数据进行加工，报告给会计信息使用者。在记录经济活动的过程中，必须要符合会计制度和会计准则要求。

3.记录只是会计核算的基础，而不是会计核算的全部

会计对各单位的经济活动情况，首先要记录下来，然后才能核算，最后形成可以报告的会计信息。会计核算实际上包括对经济活动的记录、计算、分类、汇总和报告的全过程。

4.会计核算具有连续性、完整性、系统性

连续性是指必须按照经济活动发生的时间先后顺序，不间断地进行记录和计算；完整性是指应由会计进行核算的各项经济活动，都必须毫无遗漏地加以记录和计算，不能任意取舍；系统性是指必须按照经济管理的要求，采用一定的方法，对会计核算资料进行加工整理、分类汇总，使之系统化。会计通过连续的、完整的记录和计算，并按照经济管理的要求，提供系统的数据资料，可以全面掌握经济活动情况，评价经济活动效果。

《会计法》第二章、第三章对于如何进行会计核算及如何发挥会计的核算职能，从法律的角度提出了具体要求。

（二）会计的监督职能

会计的监督职能，是指在核算经济活动情况的同时，利用会计核算所提供的会计信息对各单位的经济活动全过程的合法性、合理性和有效性进行的控制和指导。

会计监督具有以下特点。

1.会计监督是对经济活动全过程的监督

会计的监督职能，是对各单位经济活动的全过程进行的事前监督、事中监督和事后监督相结合的全面经济监督。事前监督是指在经济活动以前，从讲求经济效益出发，审查经济活动计划和方案的合理性，参与经济决策。事中监督是指在经济活动进行时，检查各项经济活动是否符合国家有关政策、法规和制度的规定，符合各单位有关计划、预算的要求，帮助其及时调整经济活动，使经济活动达到预期的目的。事后监督是指在经济活动之后，利用系统的会计信息进行反馈，加强事后的检查分析和评价，监督经济活动的有效性，以便改进工作，使下一期的计划和方案更具有合理性。

2.会计主要利用价值指标进行监督，也要进行实物监督

会计主要以货币为计量单位，利用资金、成本、利润等价值指标，综合反映经济活动的过程和结果。因此，可以利用上述各项核算指标监督经济活动。同时，还可以事先确定一些价值指标，控制有关经济活动。会计监督，除了以货币为计量单位进行监督以外，还可以通过实物量度进行监督。例如，对某些具有实物形态的财产物资的收、发、存，要以凭证为依据，在账簿中登记其收、发、存的数量，并定期进行清查盘点，检查账实是否相符，以监督财产物资的安全完整。

3.会计监督是单位内部的监督，是外部监督不可替代的

国家通过财政、税务、审计、物价、市场监督等行政管理部门与机构，对各单位的经济活动实行来自单位外部的国家监督，对于保护国家公共财产、维护财经法纪和经济秩序，提高经济效益等，具有重要作用。但这些外部监督，不可能也不应该取代会计监督，因为外部监督只能定期进行，或者只能针对某类经济事项进行。而会计监督是单位内部的监督，能够对本单位的经济活动进行完整和连续的监督，这是外部监督无法替代的。

《会计法》第四章对于会计监督职能的内容、会计监督体系的建立都做了明确规定和要求。

（三）两大基本职能之间的关系

核算和监督是会计的两个基本职能。核算是全部会计工作的基础，离开了核算，监督就失去了依据；同时，只有通过监督，才能保证为会计信息的使用者提供真实可靠的数据资料，离开了监督，核算就毫无意义。只有把核算和监督结合起来，才能发挥会计在经济管理中的作用。

三、会计的主要特点

会计同其他经济管理形式相比，具有十分明显的特点。

（一）以货币作为主要计量单位

会计是从价值量方面反映经济活动的。经济活动的价值量，是通过货币、劳动、实物等具体内容的变化表现出来的，因此在经济核算过程中，通常使用三种量度标准：货币量度、劳动量度和实物量度。货币量度以货币的数量（如人民币元）为单位，劳动量度以时间（如小时）为单位计算劳动消耗量，实物量度以财产物资的实物数量（如米、千克等）为单位。但货币、劳动、实物三者无法进行综合，只有将其统一为能够充当一般等价物的货币，才可以加以综合，转换为统一的具有综合性的价值指标，总括地反映经济活动的过程和结果。因此，会计核算要以货币为主要的统一量度单位。在实际工作中，会计核算有时也要以劳动、实物为计量单位，但最终还必须以货币为计量单位计算，求得统一的价值指标，以便进行综合核算和监督。

（二）必须以合法的原始凭证作为核算依据

原始凭证是对经济活动的最原始记录，是经济活动责任人签字盖章以示对其真实性负责后形成的原始记录。只有以合法的原始凭证为依据，才能取得真实可靠的经济信息。

（三）有一系列完善的专门方法

为了适应生产发展与经济管理的要求，在核算、监督经济活动的长期实践中，经过不断积累经验，改革创新，会计逐渐形成了一整套严密、系统、科学、完备的专门方法。这些方法既有各自独立的作用，又相互联系、相互配合，在会计工作中缺一不可，也是无可取代的。

四、会计的目标

由于会计是整个经济管理的重要组成部分，所以会计的目标从属于经济管理的总目标，或者说会计目标是经济管理总目标下的子目标。在社会主义市场经济条件下，经济管理的总目标是提高经济效益。作为经济管理重要组成部分的会计管理工作，也应该以提高经济效益作为最终目标。在这个前提下，还应明确会计核算的目标，即会计核算要达到什么目的。我国《企业会计准则——基本准则》对于企业会计的目标做了明确规定：企业会计应当如实提供有关企业财务状况、经营业绩和现金流量等方面的有用信息，以满足有关各方的信息需要，有助于会计信息使用者做出经济决策，并反映管理层受托责任的履行情况。

综合前面对会计的产生与发展、职能、特点、目标等方面的论述后，可以归纳如下要点。

第一，会计的本质是管理活动，是经济管理的重要组成部分。

第二，会计的基本职能是对各单位的经济活动进行核算，实行监督。

第三，会计拥有自己的鲜明特点。

第四，会计的目标在于提高经济效益。

第三节 会计假设和会计信息质量要求

一、会计假设

会计假设是会计确认、计量和报告的基本前提，规定了会计核算赖以存在的一些前提条件，是企业设计和选择会计方法的重要依据。会计假设包括会计主体、持续经营、会计分期和货币计量。

（一）会计主体

会计主体是指会计工作为其服务的特定单位或组织，典型的会计主体是企业。会计所提供的信息，特别是财务会计报告，反映的是特定会计主体的财务状况与经营成果，不允许含混任何别的会计主体的会计要素，并且不能遗漏该会计主体的任何会计要素。会计主体规定了会计确认、计量和报告的范围。

明确会计主体，才能正确划定会计所要处理的各项交易或者事项的范围。在会计工作中，只能对那些影响企业本身经济利益的各项交易或者事项加以确认、计量和报告，那些不影响企业本身经济利益的各项交易或者事项不能加以确认、计量和报告。

明确会计主体，才能将会计主体的交易或者事项与会计主体所有者的交易或者事项以及其他会计主体的交易或者事项区分开来。也就是说，企业所有者的经济交易或者事项是属于企业所有者个体所发生的，不应纳入企业会计核算的范围。

需要注意的是：会计主体与法律主体并不是同一概念。一般来说，法律主体必然是会计主体，而会计主体却不一定就是法律主体。例如，任何企业，无论是独资、合资还是合伙，都是一个会计主体。在企业规模较大的情况下，母公司为了掌握分支机构（分厂、分公司）的生产经营活动和收支情况，也可以将分支机构作为一个会计主体，要求其定期编制会计报表。同样，母、子公司在法律形式上均为独立的个体，但在经济上又可视为一个经济实体，会计上是将母、子公司的经济活动以合并报表的方式加以表述。可见，会计主体可以是独立法人，也可以是非法人；可以是一个企业，也可以是企业内部某一单位或企业中的一个特定的部分；可以是单一企业，也可以是由几个企业组成的企业集团。

（二）持续经营

持续经营是指企业或会计主体的生产经营活动在经营期间将按当前的规模和既定的目标延续下去，在可预见的未来，企业不会停业，也不会大规模地削减业务。企业在持续经营条件下，它所持有的资产将按原定的用途在正常的经营过程中使用，它所承担的债务也将按承诺的条件清偿。

持续经营的假设为解决财产计价和费用分配等问题提供了前提条件，如企业各项固定资产价值取得时按实际成本入账，固定资产的折旧按使用年限分期摊销；又如费用分配，由于假定企业是持续经营的，因此某项费用的发生如果不仅与本期的收益有关，而且与以后几期的收益有关，那么该项费用就应该在有关收益期间进行合理分配。

并非每个企业都能永远持续经营下去，当有证据足以证明企业不能持续存在时，会计人员应放弃这一假设，改为清算价值、计量资产，并在企业财务会计报告中做相应的披露。

（三）会计分期

会计分期是指为了及时反映企业的经营情况，会计核算应当将一个企业持续不断的经营活动过程划分为若干连续的、长短相同的期间，以便于分期结算账目和编制财务会计报告。会计期间分为年度和中期，年度和中期均按公历起讫日期确定。中期是指短于一个完整的会计年度的报告期间，包括半年度、季度和月度。

为了及时反映资产、负债和所有者权益的变化情况，为了充分发挥会计管理的积极作用，在会计实务中就必须将持续不断的企业经营活动在时间上划分为等间距的会计期间，确定每一会计期间的收入、费用和利润，以便分段进行结算，分段编制财务会计报告，从而使企业管理者、投资人、债权人和有关职能部门能及时、准确地得到有关会计信息。明确会计分期这个会计核算的基本前提对会计核算有着重要影响。

会计分期使当期与其他期间的会计信息产生差别，从而出现权责发生制和收付实现制的区别，使得不同类型的会计主体有了记账的基准，进而出现了应收、应付、折旧、摊销等会计处理方法。

（四）货币计量

货币计量是指企业在进行会计确认、计量和报告过程中采用货币作为统一的计量单位，记录、反映企业的经营情况。采用货币为计量单位是由货币本身的属性决定的。货币是固定充当一般等价物的商品，是衡量一般商品价值的共同尺度，具有价值尺度、流通手段、贮藏手段和支付手段等特点。经济活动的计量，事实上存在多种计量单位，如货币，实物数量、重量、长度、面积等，货币作为统一的计量单位，具有广泛的适用性，更能体现会计的目的，即反映企业的财务状况、经营成果和现金流量。但是，统一采用货币计量也存在缺陷，如某些影响企业财务状况和经营成果的因素（如企业经营战略、研发能力、市场竞争力等），往往难以用货币来计量，但这些信息对于会计信息使用者的决策也很重要。所以，企业应当在财务会计报告中补充披露上述各项非财务信息来弥补货币计量的缺陷。

在货币计量的前提下，企业的会计核算应以人民币为记账本位币。业务收支以人民币以外的货币为主的企业，可以选定其中一种货币作为记账本位币，但是编制的财务会计报告应当将记账本位币折算为人民币。设立在境外的中国企业向国内报送的财务会计报告，应当将记账本位币折算为人民币。

二、会计信息质量要求

会计信息质量要求是对企业财务报告中所提供的会计信息、质量的基本要求，是使财务报告中提供的会计信息对信息使用者决策有价值所应具备的基本特征，包括可靠性、相关性、可理解性、可比性、实质重于形式、重要性、谨慎性和及时性。

（一）可靠性

可靠性要求企业应当以实际发生的交易或者事项为依据进行会计确认、计量和报告，如实反映符合确认和计量要求的各项会计要素及其他相关信息，保证会计信息真实可靠、内容完整。

企业提供会计信息是为了满足会计信息使用者的决策需要，因此会计信息应做到内容真实、数字准确、资料可靠。要在会计核算工作中坚持以上原则，就应当在会计核算时客观地反映企业的财务状况、经营成果和现金流量，保证会计信息的真实性。会计人员应当正确运用会计原则和方法，准确反映企业的实际情况，会计信息应当能够经受验证。

如果企业的会计核算不是以实际发生的交易或事项为依据，没有如实地反映企业的财务状况、经营成果和现金流量，会计工作就失去了存在的意义，甚至会误导会计信息的使用者，导致决策的失误。

（二）相关性

相关性要求企业提供的会计信息应当与会计信息使用者的经济决策需要相关，有助于会计信息使用者对企业过去、现在和未来的情况做出评价或者预测。

在会计核算工作中坚持相关性这一原则，要求会计人员在收集、加工和提供会计信息的过程中，充分考虑会计信息使用者的需求。按照我国的情况，会计信息必须满足三个方面的条件：第一，符合国家宏观经济管理的要求；第二，满足有关各方面了解企业财务状况和经营成果的需要；第三，满足企业内部加强经营管理的需要。

（三）可理解性

可理解性要求企业的会计信息应当清晰明了，便于会计信息使用者理解和使用。

提供会计信息的目的在于使用，要使用会计信息首先必须了解会计信息的内涵，弄懂会计信息的内容。因此，在会计核算工作中应坚持可理解性原则，会计记录和财务会计报告必须清晰明了，简明扼要，数据记录和文字说明要清晰地反映出经济活动的来龙去脉。这就要求在会计核算中会计记录应当准确、清晰，填制会计凭证、登记会计账簿必须做到依据合法、账户对应关系清楚、文字摘要完整；在编制会计报表时，项目钩稽关系清楚、项目完整、数字准确。企业还应视会计核算业务量的大小和管理上的要求，设计出合理的记账程序，保证会计核算程序有条不紊地运行，提高会计核算质量，便于有关方面利用会计信息。

（四）可比性

企业提供的会计信息应当具有可比性。具体应做到以下几点。

第一，同一企业不同时期发生的相同或者相似的交易或者事项，应当采用一致的会计政策，不得随意变更。确需变更的，应当在附注中说明。企业发生的交易或事项具有复杂性和多样性，对于某些交易或事项可以有多种会计核算方法。例如，存货的领用和发出，可以采用先进先出法、加权平均法、移动平均法和个别计价法等确定其实际成本；固定资产折旧可以采用年限平均法、工作量法、年数总和法和双倍余额递减法等。贯彻可比性的目的，是使会计信息使用者能利用上一会计期间的会计信息考核、评价本期的财务状况和经营成果，并借以进行正确的预测和决策。如果企业在不同的会计期间采用不同的会计核算方法，将不利于会计信息使用者对会计信息的理解，不利于会计信息作用的发挥，甚至引起会计信息使用者分析、判断的错误。

第二，不同企业发生的相同或者相似的交易或者事项，应当采用规定的会计政策，确保会计信息口径一致、相互可比。不同的企业可能处于不同行业、不同地区，经济活动发生于不同时间、不同地点，为了保证会计信息能够满足决策的需要，便于比较不同企业的财务状况、经营成果和现金流量，只要是相同的交易或者事项，就应当采用相同的会计处理方法。可比性使来自各企业的会计信息能统一汇总，为国民经济的宏观调控提供有价值的信息。

（五）实质重于形式

实质重于形式要求企业应当按照交易或者事项的经济实质进行会计确认、计量和报告，不应仅以交易或者事项的法律形式为依据。

在具体会计实务中，交易或者事项的实质往往存在着与其法律形式明显不一致的情形，所以会计信息要想反映其拟反映的交易或者事项，就必须根据交易或者事项的实质和经济现实，而不能仅仅根据它们的法律形式进行核算和反映。

例如，如果企业已将商品所有权上的主要风险和报酬转移给购货方，并同时满足收入确认的其他条件，则销售实现，应当确认收入；如果企业没有将商品所有权上的主要风险和报酬转移给购货方，或没有满足收入确认的其他条件，即使企业已将商品交付购货方，销售也没有实现，不应当确认收入。

又如，以融资租赁方式租入的资产，虽然在租赁期内承租企业从法律形式来讲并不拥有其所有权，但是由于租赁合同中规定的租赁期相当长，接近于该资产的使用寿命，且租赁期结束时承租企业有优先购买该资产的选择权；在租赁期内承租企业有权支配资产并从中受益，从其经济实质来看，企业能够控制其在未来创造经济利益。因此，会计核算上将以融资租赁方式租入的资产视为企业的资产。

如果企业的会计核算仅仅按照交易或者事项的法律形式进行，而其法律形式又没有反映其经济实质和经济现实，那么其最终结果将会不利于会计信息使用者的决策。

（六）重要性

重要性要求企业提供的会计信息应当反映与企业财务状况、经营成果和现金流量有关的所有重要交易或者事项。

对资产、负债、损益等有较大影响，并进而影响财务会计信息使用者据以做出合理判断的重要会计事项，必须按照规定的会计方法和程序处理，并在财务报告中充分、准确地披露；对于次要的会计事项，在不影响会计信息真实性和不会误导财务会计信息使用者做出正确判断的前提下，可适当简化处理。

重要性应视信息的性质和对使用者做出决策的影响程度而定。会计核算应当全面反映企业的财务状况和经营成果，如果会计报表遗漏或省略一些重要的经济活动，就会失去会计信息的客观性。不全面的会计信息不利于会计信息使用者进行决策。重要性与全面性相互兼顾。重要性与会计信息的成本效益直接相关，坚持重要性，就能够使提供会计信息的收益大于成本；反之，就会使提供会计信息的成本大于收益。某些项目的重要性，很大程度上取决于会计人员的职业判断。一般来说，应当从质和量两个方面进行分析。从性质方面来说，当某一会计事项有可能对决策产生一定影响时，就属于重要项目；从数量方面来说，当某一项目的数量达到一定规模时，就可能对决策产生影响。

（七）谨慎性

谨慎性要求企业以交易或者事项进行会计确认、计量和报告时应当保持应有的谨慎，不应高估资产或者收益、低估负债或者费用。

在市场经济条件下，企业随时可能面对各种风险，为了避免风险给企业正常生产经营带来严重影响，企业在会计核算工作中应坚持谨慎性。这要求企业在面临不确定因素的情况下做出职业判断时，企业应当保持必要的谨慎，充分考虑到各种风险和损失，对于可能发生的各项费用和损失，应当合理预计，并予入账；而对于可能获得的收入，则不能预估和提前入账。

需要注意的是，谨慎性并不意味着企业可以任意设置各种秘密准备，否则就属于滥用谨慎性，将视同重大会计差错来处理。

（八）及时性

及时性要求企业对于已经发生的交易或者事项，应当及时进行会计确认、计量和报告，不得提前或者延后。

会计信息的价值在于帮助会计信息使用者做出经济决策，因此具有时效性。在会计核算过程中贯彻及时性，一是要求及时收集会计信息，即在经济业务发生后，及时收集整理各种原始单据或者凭证；二是及时处理会计信息，即在国家统一的会计制度规定的时限内，及时编制出财务会计报告；三是及时传递会计信息，即在国家统一的会计制度规定的时限内，及时将编制出的财务会计报告传递给会计信息使用者。

如果企业的会计核算不能及时进行，会计信息不能及时提供，就无助于经济决策，就不符合及时性特征。

第四节 会计计量

会计计量是将符合确认条件的会计要素登记入账，并列报于会计报表及其附注从而确定其金额。

一、会计计量属性及其构成

计量属性是指所计量的某一要素的特性方面。例如，桌子的长度、楼房的高度等。从会计的角度来说，计量属性反映的是会计要素金额的确定基础，它主要包括历史成本、重置成本、可变现净值、现值和公允价值等。

（一）历史成本

在历史成本计量下，资产按照购置时支付的现金或者现金等价物的金额，或者按照购置资产时所付出的对价的公允价值计量；负债按照因承担现时义务而实际收到的款项或者资产的金额，或者承担现时义务的合同金额，或者按照日常活动中为偿还负债预期需要支付的现金或者现金等价物的金额计量。

（二）重置成本

在重置成本计量下，资产按照当前市场条件购买相同或者相似资产所需支付的现金或者现金等价物的金额计量；负债按照现在偿付该项债务所需支付的现金或者现金等价物的金额计量。

（三）可变现净值

在可变现净值计量下，资产按照其正常对外销售所能收到现金或者现金等价物的金额扣减该资产至完工时估计将要发生的成本、估计的销售费用以及相关税费后的金额计量。

（四）现值

在现值计量下，资产按照预计从其持续使用和最终处置中所产生的未来净现金流入量的折现金额计量；负债按照预计期限内需要偿还的未来净现金流出量的折现金额计量。

（五）公允价值

在公允价值计量下，资产和负债按照在公平交易中，熟悉情况的交易双方自愿进行资产交换或者债务清偿的金额计量。

二、会计计量属性的应用原则

尽管会计计量属性包括历史成本、重置成本、可变现净值、现值和公允价值等，但是企业在对会计要素进行计量时，应当严格按照规定选择相应的计量属性。一般情况下，对于会计要素的计量，应当采用历史成本计量属性，如企业购入存货、建造厂房、生产产品等，应当以所购入资产发生的实际成本作为资产计量的金额。

但是，在某些情况下，如果仅仅以历史成本作为计量属性，可能难以达到会计信息的质量要求，不利于实现财务报告的目标，有时甚至会降低会计信息质量，影响会计信息的可靠性。例如，企业持有的衍生金融工具往往没有实际成本，或者即使有实际成本，实际成本也与其价值相差甚远。因此，如果按照历史成本对衍生金融工具进行计量的话，大量的衍生金融工具交易将成为表外事项，与衍生金融工具有关的价值及其风险信息将无法得到充分披露。

鉴于应用重置成本、可变现净值、现值、公允价值等其他计量属性，往往依赖于估计，为了使所估计的金额在提高会计信息相关性的同时，又不影响其可靠性，《企业会计准则》要求企业应当保证根据重置成本、可变现净值、现值、公允价值所确定的会计要素金额能够取得并可靠地计量；如果这些金额无法取得或者可靠地计量，则不允许采用历史成本以外的其他计量属性。

第五节 会计行为规范体系

一、会计行为规范体系的意义

会计行为规范体系是一系列会计行为规范的总和。所谓会计行为规范，是指规范、协调、统一会计行为的法律、原则、制度等。它是会计行为的标准，对会计行为具有约束力。

二、会计行为规范体系的作用

第一，会计行为规范体系是会计行为合法、合理性的标准。在会计实际工作中，经常遇到的主要问题是"应该怎么做，不该怎么做"，要指导会计人员正确解决这些问题，必须有一个外在的、统一的标准，这个标准就是会计行为规范体系。

第二，会计行为规范体系是对会计工作进行评价的依据之一。这种评价可以由会计人员自我进行，即自评，也可以由其他人来进行，即社会评价。

第三，会计行为规范体系是引导会计工作往特定方向发展的一种约束力和吸引力，也称"会计行为机制"。这种力量可以是来自会计理性的特定思维，也可以是来自外界权威的强制力，还可以是通过将外界的约束力转化为内在的行为规则而起作用。

三、会计行为规范体系的构成

会计行为规范体系是由一系列会计行为规范构成的，包括对会计行为有不同程度影响的法律（包括公司法、商法等）、国家财经法规、制度和会计法律、会计准则、会计制度和会计人员职业道德等。其中最主要的是会计法律、会计准则、会计制度和会计人员职业道德四种。

会计法律是指所有对会计工作有约束作用的法律，一般有两种。一是独立的会计法，即专门针对会计工作而制定的法律，它对会计工作的约束作用较强且直接，如《会计法》。二是在其他法律中包含的对会计工作的法律规定，如绝大多数国家的公司法和税法都对会计核算与账簿记录提出不同程度的法律要求。由于会计法律是国家立法机构制定的，它具有高度的强制性，因而对会计工作的约束力最强，也最严肃。

会计准则是目前大部分市场经济国家所采用的会计行为规范体系的重要组成部分。会计准则是会计核算工作的基本规范，是在市场经济条件下进行会计核算的基本原则。如我国 2006 年 2 月发布，2014 年 7 月修订的《企业会计准则》。

会计制度是根据会计法律和会计准则制定的，是各单位会计工作的具体规范。由于会计准则较为概括，没有针对具体的经济业务处理或报表项目做出解释和规定，实践中不易操作把握。而我国广大会计人员长期以来习惯于以统一会计制度为标准来进行会计处理，因而财政部在《企业会计准则》颁布后，对原有的会计制度进行修改，制定了若干行业示范性会计制度，以帮助企业具体执行会计准则，制定各自会计制度。

会计人员职业道德是社会公德和一般职业道德在会计工作中的具体体现，是引导制约会计行为，调整会计人员与社会、会计人员与不同利益集团以及会计人员之间关系的社会规范。会计人员职业道德的约束作用力无所不在，无时不在，但它有别于会计法律、会计准则、会计制度，是一种非强制性的会计规范。

四、会计行为规范体系中合组成部分的关系

会计行为规范体系的四个组成部分之间的关系是：《会计法》是会计工作的根本大法，是会计行为规范体系中最基础的部分，是会计的法律指导和约束会计的准则；会计准则是沟通会计法律和会计制度的桥梁，会计法律约束会计准则，会计准则约束会计制度；会计制度规范会计核算工作，规定了会计实务工作具体操作办法；会计人员职业道德是对上述三项强制性约束的有力补充。会计行为规范体系的四个组成部分之间相辅相成，共同组成会计行为规范体系，共同约束会计行为。

第六节 科学组织会计工作

一、科学组织会计工作的意义

会计工作是一项复杂、细致、综合的经济管理活动，科学地组织会计工作具有十分重要的意义。会计人员掌握了会计的专业知识和技能，是一个单位开展好会计工作的基本要求。要对会计工作进行科学的组织，即对会计机构的设置、会计人员

的配备、会计制度的设计和执行等各项工作进行统筹安排，这样才能保证会计方法的运用和会计目标的实现，才能使整个会计工作顺利地进行。所以科学地组织会计工作，对于充分发挥会计的作用，具有重要的意义。

（一）提高会计工作的质量和效率

会计是对错综复杂的再生产过程中各个阶段的资金运动进行核算和监督，从经济活动的确认、计量、记录、计算、归类，直到编制会计报表、提供会计信息，每一环节都需要一系列严密的程序和手续。任何一个环节出差错或漏洞，都会造成整个核算结果不正确或不能及时完成，就会影响会计工作的顺利进行，影响会计核算结果的正确性。因此，科学地组织好会计工作，是提高会计信息质量、提高会计工作效率的重要保证。

（二）确保与其他经济管理工作协调一致

会计工作既有其独立的职能，又与其他经济管理工作有紧密的联系，它们在共同的目标之下相互补充、相互促进、相互影响。会计需要其他管理工作的支持、配合，其他管理工作也需要会计工作在其中发挥作用。会计工作与计划、统计等工作之间，必须口径一致，相互协调。因此，只有按照一定的要求，科学地组织会计工作，才能够处理好会计工作同其他经济管理工作的关系，才能相互促进、相互补充，共同完成经济管理的任务。

（三）完善各单位内部的经济责任制

实行内部经济责任制是经济管理的有效形式。会计作为经济管理的重要组成部分，无疑与经济责任制有着密切的关系。正确地组织会计工作，可以促使会计单位内部各部门更好地履行自己的经济责任，管理好和使用好资金，厉行节约、增产增收，提高经济管理水平，实现最佳经济效益。各事业、机关、团体等单位，虽其业务性质与企业不同，但也需要实行经济责任制，也需要组织好会计工作，促使各部门少花钱，多办事，努力增收节支。

二、会计工作组织的内容

会计工作组织的内容包括宏观角度的国家会计工作组织和微观角度的会计单位的会计工作组织两大方面。

（一）宏观角度的会计工作的组织内容

从宏观角度看，会计工作组织的内容主要包括：国家会计法规体系的建立、国家会计工作管理体制等内容。

1.国家会计法规体系

我国会计法规体系包括《会计法》、企业会计准则及相关会计制度。《会计法》是会计核算工作最高层次的规范，由全国人民代表大会常务委员会制定，由国家主席下令发布。企业会计准则又分为基本准则和具体准则两个层次：基本准则是进行会计核算工作必须遵守的基本要求，体现了会计核算的基本规律；具体准则是根据基本准则的要求，对经济业务的会计处理所作出具体规定的准则。以《会计法》为核心，所制定的一系列会计法规、条例、准则、制度，形成了我国的会计法规体系，从法律上肯定了会计工作的地位、作用，规定了会计工作的原则和程序，规定了会计人员的职权不受侵犯，标志着我国会计工作逐步走上法治的轨道。

2.国家会计工作管理体制

我国会计工作管理体制的总原则是统一领导和分级管理。具体包括三个方面的内容：即会计工作领导体制、会计制度的制定权限和会计人员管理体制。目前，我国会计工作的领导体制在《会计法》中已明确规定："国务院财政部门主管全国的会计工作。县级以上地方各级人民政府财政部门管理本行政区域内的会计工作。"《会计法》规定了会计制度的制定权限，国家实行统一的会计制度。国家统一的会计制度由国务院财政部门根据《会计法》制定。国务院有关部门可以依据《会计法》和国家统一的会计制度制定对会计核算和会计监督有特殊要求的行业实施国家统一的会计制度的具体办法或者补充规定，报国务院财政部门审核批准。中国人民解放军总后勤都可以依照《会计法》和国家统一的会计制度制定军队实施国家统一的会计制度的具体办法，报国务院财政部门备案。关于会计人员的管理体制，目前在国际上有两种：一种是"国家委派"，即各级会计机构和会计人员实行垂直领导，直接委派；另一种叫"回归企业"，即会计人员的管理权限交给企业。我国《企业法》规定，会计人员按照干部管理权限的规定任免；企事业单位的会计机构负责人、会计主管人员的任免应经过上级主管单位同意；会计人员忠于职守、坚持原则受到错误处理的，上级主管单位应当责成其所在单位予以纠正；玩忽职守、丧失原则、不宜担任会计工作的，上级主管单位应当责成其所在单位予以撤换。

（二）微观角度的会计工作的组织内容

从微观角度看，企业会计工作组织的内容主要包括：设置会计机构、配备会计人员、设计会计制度、选定会计账务处理程序、运用会计信息处理技术设备和管理会计档案等。

1.设置会计机构，配备会计人员

会计机构是管理会计工作、办理会计事项的职能部门，会计人员是从事各项会计工作的各类人员的总称。按照《会计法》的规定："各单位应当根据会计业务的需要，设置会计机构，或者在有关机构中设置会计人员并指定会计主管人员……国有的和国有资产占控股地位或者主导地位的大、中型企业必须设置总会计师。"总会计师兼有管理会计事务和办理会计事项的双重任务。

设置会计机构，并在会计机构中合理配备会计人员，建立会计人员岗位责任制，是发挥会计管理职能、完成会计工作任务的组织保证。

2.设计会计制度，选定会计账务处理程序

企业内部会计制度是现代企业管理制度的重要组成部分，是实施企业内部控制的有效手段。根据企业会计准则设计符合本单位特点的会计制度，并认真贯彻执行，可以促使会计工作人员按章办事，更好地发挥其主观能动性，从而保证会计工作正常有序地进行，使会计信息系统及时、有效地提供会计信息，促使企业的各项活动达到预定目标。选定会计账务处理程序，是根据本企业经济业务特点和管理要求，设计企业会计记账和提供会计信息的方法和步骤。科学合理的账务处理程序是提高会计工作效率、满足企业内部管理需要的一个重要环节。

3.运用会计信息技术设备，保管会计档案

会计信息处理需要一定的技术设备，运用先进的技术设备取代手工操作，会使会计人员从繁重的会计数据处理工作状态下解脱出来，是会计工作组织的重要内容之一。会计工作电算化将保证会计信息质量，及时提供会计信息，提高会计工作效率，使会计工作质量得到全面改善。会计档案是指会计凭证、账簿和报表等会计核算的专业资料，是记录和反映经济业务的重要史料和证据，是会计单位的重要档案之一。对会计档案进行科学的归类、整理、保管，能够为企业开展会计分析和检查提供必要帮助。

三、科学组织会计工作的基本要求

科学地组织会计工作，要遵守以下几项要求。

（一）遵守国家对会计工作的统一规定

组织会计工作，必须按照《会计法》对会计工作的统一要求，贯彻执行国家规定的法令和制度，各单位要按照国家统一的会计制度设置会计科目、登记账簿和编制会计报表，并向有关方面正确、及时地提供会计信息，对本单位实行会计监督。遵守国家的统一规定，是组织会计工作的首位要求。

（二）适应本单位经营管理的需要

每个单位的经济活动各有其特点，规模大小不一，业务繁简程度不等，管理上对会计信息的具体要求也不相同。因此，组织会计工作，要在符合国家统一规定的前提下，根据本单位的特点和内部管理的实际需要，设置会计机构，配备会计人员，确定企业内部会计制度，这样才能从本单位的具体情况出发，对会计工作作出切合实际的安排，以利于加强管理。

（三）在保证质量的前提下讲求实效

组织会计工作，应本着精简、合理和讲究实效的原则，在保证会计信息质量的前提下，尽量节约会计工作的时间和费用，简化核算手续，以利于会计人员有更多的时间去研究改善会计管理工作中的关键问题，进行会计控制、预测和参与决策。目前，会计核算已逐步向电算化方向发展，组织会计工作，要符合这一发展的要求。

四、会计机构与会计人员

企业、事业、机关、团体等单位一般都需要设置从事会计工作的职能部门，建立、健全会计机构，并配备一定数量高素质的会计人员，这对于加强会计工作的领导、充分发挥会计核算和监督的职能作用具有重要意义。

（一）会计机构的设置

按照《会计法》的要求，任何一个企业，原则上都应单独设置会计机构。但在会计业务不多的小型企业，可以不单独设置会计机构，但必须配备专职的会计人员，以满足会计工作的需要。

会计工作岗位的设置，是在会计机构内部，按照会计工作的内容和会计人员配备情况，进行合理分工，定人员，定岗位，明确分工，各司其职。会计工作岗位的设置，要便于会计工作程序化、规范化；要有利于加强会计人员的工作责任感和纪律性，促使他们不断提高业务水平和工作效率；要有利于加强会计机构的内部建设。由于各单位生产经营和业务活动的规模不一样，组织和管理模式不一，因此会计岗位的设置和会计人员的配备就不能强求一致，可根据各单位会计核算的实际需要和会计部门业务的繁简情况而定。财政部发布的《会计人员工作规则》有利于各单位建立科学的会计岗位责任制，从促进会计工作提高效率出发，对建立会计人员岗位责任制和设置会计岗位及明确其各自的职责范围作了示范性的规定。根据这一规定，结合我国目前大中型企业会计核算工作的需要，在大中型企业，一般可设置综合会计组、财务结算组、工资会计组、固定资产会计组、材料会计组、成本会计组、销售和利润会计组、资金会计组，这些岗位既可以一人一岗、一人多岗，也可以一岗多人，在这方面，各单位有权自主决定。

（二）会计工作的组织形式

在一个企业内部，对各部门发生的经济业务可以分别采取集中核算和非集中核算两种形式。

1.集中核算

集中核算是指企业的主要会计核算工作全部集中在企业财务会计部门进行，各内部单位一般不进行完整的单独核算，只对所发生的经济业务进行原始记录，填制或取得原始凭证，并适当汇总后送交企业财会部门，由财会部门加以审核，据以进行总分类核算和明细分类核算，并编制会计报表。实行集中核算有利于会计人员合理分工，提高核算质量和进行规范化管理；有利于企业会计部门全面了解企业经济活动情况，加强会计分析和会计监督；有利于减少核算层次，实现会计处理现代化。其缺点是企业内部各单位不能及时充分利用核算资料对本单位的经济活动进行了解、分析和考核，以及时解决问题。

2.非集中核算

非集中核算是指企业将与所属单位有关的主要经济业务下放到基层，设立核算单位，就企业内部有关部门对所发生的经济业务设置并登记账簿，进行比较全面的核算。企业内部各单位可以单独计算盈亏，编制会计报表。企业会计部门只核算涉及全企业的经济业务和进行综合汇总工作，并对内部核算单位的核算工作进行监督和指导。非集中核算能够避免集中核算带来的弊端，有利于会计职能的充分发挥，有利于调动企业基层单位开展经济核算的积极性，但企业会计部门也必须合理地组织和指导基层核算单位，才能保证会计核算质量和及时性。

企业采取哪种组织核算形式，应视企业规模的大小、生产经营的特点、会计人员的业务熟练程度的情况而定，本着有利于加强经济管理、加强经济核算的原则来选择。集中核算和非集中核算也不是绝对的，在一个企业内部，可以根据具体情况，对某些业务采用集中核算。但无论采用哪一种组织形式，企业对外的现金收付、银行存款收付、物资供销、应收和应付款项的结算，都应集中在企业会计机构进行。

（三）会计机构、会计人员的主要职责

会计机构、会计人员的职责是指会计机构、会计人员在会计工作中需要共同履行的职责。在这些职责中，有些仅依靠会计人员就可以履行，但有些职责必须通过会计人员的整体——会计机构才能履行。会计机构、会计人员应共同履行以下几项应尽的职责，以便会计机构、会计人员更好地开展工作。

1.按照规定进行会计核算

按照规定进行会计核算即按照《会计法》和其他财会法规的规定，认真办理会计核算业务，及时、准确、完整地记录、计算、反映财务收支和经济活动情况。具体包括要认真填制和审核会计凭证、编制记账凭证，登记账簿，正确计算各项收入、支出、成本、费用、财务成果，按期结算、核对账目，进行财产清查，编制和上报会计报表，保证账证相符、账账相符、账实相符，手续完备，数字真实。

2.按照规定进行会计监督

会计机构、会计人员要通过会计工作，对财务收支和经济活动的合法性、合理性、有效性或预算执行情况进行监督。对于不真实、不合法的原始凭证不予受理；对账簿记录与实物款项不符的问题，应按有关规定进行处理或及时向本单位领导人报告；对违反国家统一规定的财政制度、财务规定的收支不予办理。此外，还要主动、积极地配合财政、审计、税务等有关部门对本单位会计工作的检查和审计，如实提供有关资料，反映有关情况。

3.拟定本单位办理会计事务的具体办法

会计机构、会计人员要根据国家的财政经济方针、政策、会计法规和上级的有关规定以及本单位的具体情况，拟定本单位办理会计事务的制度办法。如财会工作组织和管理体系的制定，财物领用、报销的审批制度，内部会计核算手续、程序、方法的有关规定，内部稽核制度等。另外，凡是和财务收支、经营成果有关的生产、技术、劳动人事、经营管理等各方面的制度，财会部门都应当积极参与制订，并从加强财会管理的角度制定各种制约性条款。

4.参与拟订经济计划、业务计划，考核分析预算、财务计划的执行情况

会计机构、会计人员的这项职责，突破了传统的会计事后记录、计算和反映的

狭窄范围，要求会计工作根据市场经济的需要，逐步形成一个包括预测、计划、控制、计算、考核、分析等环节的核算和监督体系。会计机构要积极参与制订经济计划、业务计划、成本费用计划，运用会计信息和会计特有的方法，比较、分析各项计划的合理性和效益性，为制定科学合理的计划并顺利实施打下基础。至于利用会计报表、会计账簿，结合计划统计及其他资料，对本单位的财务状况、经营过程及其结果或者预算的执行情况，以及成本降低任务完成情况进行考核和分析，本来就是会计工作的重要内容。通过分析、考核，查明完成或未完成计划、预算的原因，总结经验，揭露矛盾，提出改进的建议和措施，就能不断提高经营管理水平，提高经济效益。

5.办理其他会计事务

上述几项内容不是会计机构、会计人员的全部职责，还有一些工作需要会计机构、会计人员参与和发挥作用。例如，参与市场调查、拟定产品价格，参与重大经济合同签订的测算和调查研究等。凡是在会计职能范围内的各项工作，会计机构、会计人员都应当积极努力地去开拓，去承担更重要的任务，在经济管理中发挥更大的作用。

（四）会计人员的主要权限

为了保障会计机构、会计人员顺利地履行自己的职责，国家赋予会计人员以下工作权限。

第一，有权要求本单位有关部门、人员认真执行国家批准的计划和预算，遵守国家财经纪律和财务会计制度。如有违犯，会计人员有权拒绝付款、拒绝报销和拒绝执行，并向本单位领导报告。严重违法和损害国家社会公众利益的收支，即使单位领导书面决定予以办理后，也应当将这方面的情况向主管单位或者财政、审计、税务机关报告。

第二，有权参与本单位编制计划或预算、制定定额、签订经济合同等工作，并参与有关的生产、经营和管理会议，有权提出有关财务收支和经济效益等方面的问题和建议。

第三，有权监督、检查本单位有关部门的财务收支、资金使用和财产保管、收发、计量、检验等情况。

会计人员的职权是法律赋予的，任何人不得侵犯。如果有人对会计人员依法行使职权刁难、阻挠或打击报复，都要查明情况，给予行政处分，构成犯罪的，要依法追究刑事责任。这从法律上保护并鼓励了会计人员为维护国家利益，坚持原则，履行自己的职责，行使自己的权利。

（五）会计人员应具备的素质

为了正确地履行职责和行使权限，会计人员必须严格要求自己，努力从思想上和业务上提高水平。

1.会计人员应具备的政治素质

（1）热爱祖国，热爱本职工作。在日常工作中顾全大局，自觉地维护国家利益、社会利益、整体利益、长远利益。

（2）实事求是，如实反映。会计人员在工作中应如实反映生产经营活动，不弄虚作假，不歪曲事实，对所有会计核算资料，必须做到数字正确可靠，内容真实完整。

（3）严守法纪，坚持原则。对各项财务收支活动都要进行严格审查，贯彻执行国家有关方针、政策、法令、制度，抵制一切违法乱纪、破坏制度的行为。

（4）廉洁奉公，以身作则。不以权谋私，不营私舞弊，不占、不贪，不行贿、不受贿。

2.会计人员的业务素质

为完成会计工作的任务，会计人员必须熟悉会计专业理论和业务技能，并掌握有关经济管理知识和生产技术知识，这是做好会计工作的必要前提。会计人员应具备的专业知识具体包括以下几个方面。

（1）财会知识。会计人员要做好本职工作，首先必须掌握下列财会知识：会计及相关的经济法律、法规和规章等政策方面的知识，如《会计法》《企业会计准则》《会计人员工作规则》《总会计师条例》《会计档案管理办法》、本行业的会计制度以及诸如公司法规、税收法规、金融法规知识等；财务会计基本原理，如记账程序、记账规则、珠算技能、会计基础理论、财务会计分析等；必要的现代财务会计管理知识，如管理会计、会计制度设计、会计电算化的应用，以及其他财务会计现代管理方法等。

（2）相关的经济管理知识。会计工作是经济管理工作的重要组成部分，会计业务涉及经济活动的各个领域，会计人员要参与单位的经济管理，必须具备与经济学相关学科的知识和生产技术知识，如财务管理学、财政学、金融学、审计学、统计学、部门经济学、市场管理学、运筹学、系统工程学、预测学、管理决策学，以及现代经济管理方法等。

（3）其他方面的知识。会计人员要完全胜任会计工作，还必须掌握其他一些知识。如为正确地反映自己的意见，就必须具备一定的写作水平；要想胜任涉外会计工作，就必须具有一定的外语水平等。

（六）会计专业技术职称基本条件

为了充分调动会计人员的积极性，不断提高其业务水平，发挥其在会计工作中的作用，根据《会计干部技术职称暂行规定》《会计专业职务试行条例》，将会计人员的专业技术职务分为高级会计师、会计师、助理会计师和会计员四种。这四种专业技术职务的任职条件如下。

第一，会计员的基本条件。初步掌握财务会计知识和技能，熟悉并能够执行有关会计法规和财务会计制度，能担负一个岗位的财务会计工作。

第二，助理会计师的基本条件。掌握一般的财务会计基础理论和专业知识，熟悉并正确执行有关的财经方针、政策和财务会计法规、制度，能担负一个方面或某个重要岗位的财务会计工作。

第三，会计师的基本条件。较系统地掌握财务会计基础理论和专业知识，掌握并能正确贯彻执行有关的财经方针、政策和财务法规、制度，具有一定的财务工作经验，能担负一个单位或管理一个地区、一个部门、一个系统某个方面的财务会计工作。掌握一门外语。

第四，高级会计师的基本条件。较系统地掌握经济、财务会计理论和专业知识，具有较高的政策水平和丰富的财会工作经验，能担负一个地区、一个部门或一个系统的财务会计管理工作。较熟练地掌握一门外语。

为了确保会计人员的业务素质，从 1992 年 8 月起，我国开始实行会计人员专业技术职务任职资格考试，即"以考代评"，以专业知识水平测试成绩作为确定会计人员专业职务任职资格的主要依据。

注册会计师，是指经国家批准、依法独立执行会计查账验证业务和会计咨询业务的人员。注册会计师并不直接从事会计工作，而是对企业、事业单位的会计工作提供咨询、鉴证。其工作机构称为会计师事务所。

根据《中华人民共和国注册会计师条例》的规定，申请担任注册会计师的人员，须具备规定的学历和一定的实际工作经验，经全国统一考试合格，由财政部门批准注册后，才能从事注册会计师工作。

第二章 财务会计概述

第一节 什么是财务会计及其要素

一、财务会计概述

会计是人们在物质资料生产活动中，基于节约劳动、讲求经济效益的需要，而对生产过程中的费用和成果等方面进行确认、计量、记录与报告的活动。随着社会经济的发展和科学技术的进步，会计逐步形成了一系列专门的程序、方法和技术，其内容和形式不断变化与完善。

现代会计经过长期的发展，现已形成管理会计和财务会计两个主要分支。管理会计和财务会计具有会计的共性和基本特点。从企业这一现代会计的主体来看，财务会计和管理会计都是以企业经济活动所产生的数据为依据，通过科学的程序和方法，提供用于经济决策与控制的、以财务信息为主的经济信息。二者既有共性，联系密切，又各具特点，相互补充。

管理会计是根据企业现在发生的，特别是预期将会发生的经济活动的有关数据，采用比较灵活多样的形式（各种备选方案与业绩评估报告等）、程序和方法（包括较多的现代数学方法），提供有关经营决策、投资决策、利润规划、成本控制、业绩评估等信息的会计系统中的一个会计分支。它提供的信息不限于反映企业经济活动的财务状况和经营成果方面，还有各种预测信息（包括财务信息和非财务信息），侧重于满足企业的经营者和内部管理部门进行经营预测与决策、做出经营规划、评估业绩、加强内部经营管理的需要。因此，管理会计也称对内会计。

与管理会计不同，财务会计旨在向企业外部的投资者、债权人和其他与企业有利害关系的外部集团提供投资决策、信贷决策和其他类似决策所需的会计信息。这种会计信息最终表现为通用的财务会计报告。财务会计主要通过以下四个流程进行数据加工处理，形成财务会计报告。

（一）会计确认

会计确认是指辨认并确定每一项经济活动及其形成数据的会计要素的性质及类别，是计量、记录、报告的前提。它包括初次确认和再次确认，其中初次确认是从凭证的审核开始，以编制成记账凭证为结束，而再次确认是在编制会计报表时的确认。

（二）会计计量

会计计量是指对会计要素的内在价值量加以衡量、计算并予以确认，使其转化为财务信息。会计计量主要是价值计量，着重以货币数额表现。

（三）会计记录

会计记录是指对已认可予以收集并加工处理的每一项经济活动及其形成的数据，运用账户的有关文字以及货币金额，按照复式记账方法在账簿上加以记载。

（四）会计报告

会计报告是指把会计所形成的财务信息传递给使用者的手段，其主要形式是各种财务报表（会计报表）、附注以及财务情况说明书。

二、财务会计的要素

财务会计提供的以财务信息为主的经济信息，来自企业的经济活动。现代化企业的经济活动，主要包括生产和销售产品（劳务）的生产经营活动，多渠道、多形式筹集资金的活动以及运用企业资产进行直接或间接的对外投资活动。

　　企业财务会计的对象，是企业已经发生或已经完成的价值运动（价值运动，又称资金运动，是企业中以货币表现的经济活动，它是企业会计核算和监督的内容，也就是财务会计的对象）。它可以具体划分为不同的组成部分，即财务会计要素。企业经济活动中的价值运动，是由连续发生的"交易"和"事项"（我国统称经济业务或会计事项）组成的。"交易"指企业与外部单位之间发生的各项经济往来，如商品购销、资金筹集、相互投资等；"事项"指企业内部发生的各项经济活动，如材料投产、产品入库等。为了实现财务会计目标，财务会计有必要把这些"交易"和"事项"按照其性质划分为不同的财务会计要素。

（一）资产

1.资产的定义

　　资产是指企业过去的交易或者事项形成的、由企业拥有或者控制的、预期会给企业带来经济利益的资源。

2.资产的基本特征

　　资产应同时具备以下几个方面的特征。

　　（1）预期会给企业带来经济利益。资产具有直接或者间接引起现金和现金等价物流入企业的潜力。这种潜力可以来自企业日常的生产经营活动，也可以来自非日常活动。带来的经济利益可以是现金或现金等价物，也可以是能够转化为现金或现金等价物的形式，或者是可以减少现金或现金等价物的流出。

　　（2）资产应该是企业拥有或者控制的资源。企业的资产要求企业享有某项资源的所有权，或者虽然不享有某项资源的所有权，但该资源能被企业所控制。企业享有资产的所有权，通常表明企业能够排他性地从资产中获取经济利益。通常在判断企业资产是否存在时，首先要确认企业是否享有资产的所有权。有些情况下，某项资产虽然不为企业所拥有，即企业并不享有其所有权，但企业控制了这项资产，同样表明企业能够从该资产中获取经济利益，符合会计上对资产的定义，也可以将其作为企业的资产予以确认。如融资租入固定资产，按照实质重于形式原则的要求，应当将其作为企业资产予以确认。如果企业既不拥有也不控制资产所能带来的经济利益，就不能将其作为企业的资产予以确认。

（3）资产是由企业过去的交易或者事项形成的。过去的交易或者事项包括购买、生产、建造行为或者其他交易或事项。只有过去的交易或者事项才能形成资产，企业预期在未来发生的交易或者事项不产生资产。例如，企业有购买某存货的意愿或者计划，但是购买行为尚未发生，就不符合资产的定义，不能因此而确认存货为企业资产。

3.资产的分类

资产按照流动性一般分为以下两类。

（1）流动资产。流动资产指能在一年内或者超过一年的一个营业周期内变现或者耗用的资产，包括现金及各种存款、交易性金融资产、应收及预付款项、存货等。

（2）非流动资产。非流动资产指不能在一年内或者超过一年的一个营业周期内变现或者耗用的资产，包括长期股权投资、持有至到期投资、固定资产、投资性房地产、无形资产等。

此外，资产还可以按照不同标准划分为货币性资产和非货币性资产、有形资产和无形资产、金融资产和非金融资产。

4.资产的确认条件

将一项资源确认为资产，前提是符合资产的定义。此外，还必须同时满足以下两个条件。

（1）与该资源有关的经济利益很可能流入企业。根据资产的定义，能够带来经济利益是资产的一个本质特征，但由于经济环境瞬息万变，与资源有关的经济利益能否流入企业或能够流入多少，实际上带有不确定性。因此，资产的确认应当与经济利益流入的不确定性程度的判断结合起来，如果有证据表明与该资源有关的经济利益很可能流入企业，那么就应当将其作为资产予以确认。

（2）该资源的成本或价值能够可靠地计量。财务会计系统是一个确认、计量、记录和报告的系统，其中计量起着枢纽作用，可计量性是所有会计要素确认的重要前提，资产的确认也是如此。只有当有关资源的成本或者价值能够可靠地计量时，资产才能予以确认。

（二）负债

1.负债的定义

负债是指企业过去的交易或者事项形成的、预期会导致经济利益流出企业的现时义务。

2.负债的基本特征

负债应同时具备以下几方面的特征。

（1）负债是企业承担的现时义务。其中，现时义务是指企业在现行条件下已承担的义务。未来发生的交易或者事项形成的义务，不属于现时义务，不应当确认为负债。也就是说，负债作为企业承担的一种义务，是由企业过去的交易或者事项形成的、现已承担的义务。比如，银行借款是因为企业接受了银行贷款形成的，如果没有接受贷款就不会发生银行借款这项负债。义务可以是法定义务，也可以是推定义务。法定义务是指具有约束力的合同或者法律法规规定的义务，通常在法律意义上需要强制执行。推定义务是指根据企业多年来的习惯做法、公开的承诺或者公开宣布的政策导致企业向外界表明它将承担特定的责任，从而使得有关各方形成了企业将履行义务的合理预期。例如，某企业制定了一项销售政策，对于售出商品提供一定期限内的售后保修服务，为售出商品提供的保修服务就属于推定义务，企业应当将其确认为一项负债。

（2）负债的清偿预期会导致经济利益流出企业。无论负债以何种形式出现，其作为一种现时义务，最终的履行预期均会导致经济利益流出企业。具体表现为交付资产、提供劳务、将一部分股权转给债权人等。对此，企业不能或很少可以回避。从这个意义上讲，企业能够回避的义务，不能确认为一项负债。

（3）负债是由企业过去的交易或者事项形成的。负债应当由企业过去的交易或者事项所形成，过去的交易或者事项包括购买货物、使用劳务、接受银行贷款等。即只有过去发生的交易或者事项才形成负债，企业将在未来发生的承诺、签订的合同等交易或者事项，不形成负债。

3.负债的分类

负债一般按照偿还期长短分为以下两类。

（1）流动负债。流动负债指将在一年内（包括一年）或者超过一年的一个营业周期内偿还的债务，包括短期借款、交易性金融负债、应付票据、应付账款、预收账款、应付职工薪酬、应交税费、应付利润、其他应付款。

（2）非流动负债。非流动负债指偿还期在一年以上（不含一年）或者超过一年的一个营业周期以上的债务，包括长期借款、应付债券、长期应付款项、专项应付款和预计负债等。

负债还可以按照不同标准划分为货币性负债和非货币性负债、金融负债和非金融负债。

4.负债的确认条件

将一项现时义务确认为负债，首先应当符合负债的定义。此外，还必须同时满足以下两个条件。

（1）与该义务有关的经济利益很可能流出企业。根据负债的定义，预期会导致经济利益流出企业是负债的一个本质特征。由于履行义务所需流出的经济利益带有不确定性，尤其是与推定义务相关的经济利益通常需要依赖于大量的估计，因此负债的确认应当与对经济利益流出的判断结合起来。如果有证据表明，与现时义务有关的经济利益很可能流出企业，那么就应当将其作为负债予以确认。

（2）未来流出的经济利益的金额能够可靠地计量。负债的确认也需要符合可计量性的要求，即对于未来流出的经济利益的金额应当能够可靠地计量。对与法定义务有关的经济利益流出金额，通常可以根据合同或者法律规定的金额予以确定。考虑到经济利益的流出一般发生在未来期间，且有时涉及的未来期间较长，在这种情况下，有关金额的计量通常需要考虑货币时间价值等因素的影响。对于与推定义务有关的经济利益流出金额，企业应当根据履行相关义务所需支出的最佳估计数进行估计，并综合考虑有关货币时间价值、风险等因素的影响。

（三）所有者权益

1.所有者权益的定义

所有者权益是指企业资产扣除负债后，由所有者享有的剩余权益。公共的所有者权益又称为股东权益。所有者权益是所有者对企业资产的剩余索取权，它是企业资产中扣除债权人权益后应由所有者享有的部分。所有者权益既可反映所有者投入资本的保值、增值情况，又体现了保护债权人权益的理念。

所有者权益与负债有着本质的不同。负债是企业所承担的现时义务，履行该义务预期会导致经济利益流出企业，而所有者权益在一般的情况下企业不需要将其归还投资者。使用负债所形成的资金通常需要企业支付费用，如支付借款利息等，而使用所有者权益所形成的资金则不需要支付费用；在企业清算时，债权人拥有优先清偿权，在清偿所有的负债后的剩余资金才返还给投资者；投资者可以参与企业利润分配，而债权人则不能参与利润分配，只能按照预先约定的条件取得利息收入。

2.所有者权益的来源构成

所有者权益按其来源主要包括所有者投入的资本、直接计入所有者权益的利得和损失、其他综合收益、留存收益等。

所有者投入的资本，是指所有者投入企业的资本部分，它既包括构成企业注册资本或者股本部分的金额，也包括投入资本超过注册资本或者股本部分的金额，即资本溢价或者股本溢价。这部分投入资本按规定应计入资本公积。

直接计入所有者权益的利得和损失，是指不应计入当期损益、会导致所有者权益发生增减变动的、与所有者投入资本或者向所有者分配利润无关的利得或者损失。其中，利得是指由企业非日常活动所形成的、会导致所有者权益增加的、与所有者投入资本无关的经济利益的流入；损失是指由企业非日常活动所发生的、会导致所有者权益减少的、与向所有者分配利润无关的经济利益的流出。

其他综合收益，是指企业根据会计准则规定未在当期损益中确认的各项利得和损失。

留存收益，是指企业历年实现的净利润留存于企业的部分，主要包括盈余公积和未分配利润。

3. 所有者权益的基本特征

所有者权益应同时具备以下两个方面的特征。

（1）所有者权益是资产减去负债后的剩余权益，其数额大小是由资产减去负债后的余额决定的。

（2）所有者权益一般表现为企业所有者的投资及其增加的权益，其数额大小受所有者投资增减的影响，也受利润分派多少的影响。

4.所有者权益的确认条件

由于所有者权益体现的是所有者在企业中的剩余权益，因此所有者权益的确认主要依赖于资产和负债的确认；所有者权益金额的确定也主要取决于资产和负债的计量。

（四）收入

1.收入的定义

收入是指企业在日常活动中形成的、会导致所有者权益增加的、与所有者投入资本无关的经济利益的总流入。

2.收入的基本特征

收入具有以下几个方面的特征。

（1）收入是企业在日常活动中形成的。其中，日常活动是指企业为完成其经营目标所从事的经常性活动以及与之相关的活动。例如，工业企业制造并销售产品、商业企业销售商品、保险公司签发保单等，均属于企业的日常活动。明确企业日常活动是为了将收入与利得相区分，因为企业非日常活动所形成的经济利益流入不能确认为收入，而应当计入利得。

（2）收入会引起经济利益的流入，该流入不包括所有者投入的资本。收入应当会引起经济利益的流入，从而引起资产的增加。但是，企业经济利益的流入有时是由于所有者投入资本的增加，所有者投入资本的增加不应当确认为收入，应当将其直接确认为所有者权益。因此，与收入相关的经济利益的流入应当将所有者投入的资本排除在外。

（3）收入最终会引起所有者权益的增加。与收入相关的经济利益的流入最终会引起所有者权益的增加，不会引起所有者权益增加的经济利益的流入不符合收入的定义，不应确认为收入。

3.收入的确认条件

企业收入的来源是多种多样的，如销售商品、提供劳务、让渡资产使用权等。不同收入来源的特征有所不同，其收入确认条件也往往存在差别，一般而言，收入只有在经济利益很可能流入从而引起企业资产增加或者负债减少，且经济利益的流入额能够可靠地计量时，才能予以确认，即收入的确认除应当符合定义外，还应当满足下列三个确认条件。

（1）与收入相关的经济利益很可能流入企业。

（2）经济利益流入企业会引起资产的增加或者负债的减少。

（3）经济利益的流入额能够可靠地计量。

（五）费用

1.费用的定义

费用是指企业在日常活动中所发生的、会导致所有者权益减少的、与向所有者分配利润无关的经济利益的总流出。

2.费用的基本特征

费用具有以下几个方面的特征。

（1）费用是企业在日常活动中发生的，这里的日常活动的界定与收入定义中涉及的日常活动相一致。日常活动所产生的费用通常包括营业成本、职工薪酬、折旧费、无形资产摊销费等。将费用界定为"日常活动中发生的"，是为了将其与损失相区分。

（2）费用是与向所有者分配利润无关的经济利益的总流出。其表现形式包括现金或者现金等价物的流出，存货、固定资产和无形资产等的流出或者消耗等。

（3）费用最终会导致所有者权益的减少。例如，将银行存款用于偿还银行贷款，会使经济利益流出企业，但不会导致所有者权益减少，所以不能确认为费用。

3.费用的分类

费用一般由成本费用和期间费用构成。

成本费用是指计入生产经营成本的费用，即企业为生产商品和提供劳务等而发生的费用。例如，工业企业计入产品成本的直接人工、直接材料、其他直接支出和制造费用；商品流通企业计入商品采购成本的各项支出，包括计入国内购进商品采购成本的原始进价、购入环节缴纳的税金等，计入国外购进商品采购成本的进价、进口税金、付给代理单位的国外运保费及佣金等。

期间费用是指计入当期损益的费用，指企业行政管理部门为组织与管理生产经营活动而发生的管理费用和财务费用，为销售商品和提供劳务发生的销售费用。

4.费用的确认条件

由于费用的确认会导致经济利益流出企业，因此费用的确认除了应当符合定义外，还应当满足下列条件。

（1）与费用相关的经济利益很可能流出企业。

（2）经济利益流出企业会导致资产的减少或者负债的增加。

（3）经济利益的流出额能够可靠地计量。

（六）利润

1.利润的定义

利润是指企业在一定会计期间的经营成果，是反映企业经营成果的最终要素。通常情况下，如果企业实现了利润，表明企业的所有者权益将增加，业绩得到了提升；反之，如果企业发生了亏损（即利润为负数），表明企业的所有者权益将减少，业绩下降。因此，利润通常是评价企业管理层业绩的一项重要指标，也是投资者、债权人等做出投资决策、信贷决策等的重要参考指标。

2.利润的来源构成

利润包括收入减去费用后的净额、直接计入当期利润的利得和损失等。其中，收入减去费用后的净额反映的是企业日常活动的业绩，直接计入当期利润的利得和损失反映的是企业非日常活动的业绩。直接计入当期利润的利得和损失，是指应当计入当期损益、最终会引起所有者权益发生增减变动的、与所有者投入资本或者向所有者分配利润无关的利得或者损失。企业应当严格区分收入和利得、费用和损失之间的区别，从而更加全面地反映企业的经营业绩。

3.利润的基本特征

利润应该同时具备以下几方面的特征。

（1）利润是企业一定时期用货币表现的最终经营成果。

（2）利润数额的大小是由收入减去费用后的余额决定的。

4.利润的确认条件

利润反映的是收入减去费用、利得减去损失后的净额，因此利润的确认主要依赖于收入和费用以及利得和损失的确认，其金额的确定也主要取决于收入、费用、利得、损失金额的计量。

计算利润的收入是广义的收入，它包括作为会计要素的收入、投资收益、营业外收入及相关资产的公允价值变动收益；计算利润的费用是广义的费用，它包括作为会计要素的费用、投资损失、营业外支出及相关资产的公允价值变动损失。

上述企业财务会计的六项基本要素，是财务会计报表组成项目的基本分类。它们可以分为两类：一类反映企业某一时期的财务状况，另一类反映企业某一时期的经营成果。

三、财务会计的基础

权责发生制和收付实现制是确定当期收入和费用的两种会计基础。

根据《企业会计准则》，企业财务会计的确认、计量和报告应当以权责发生制为基础。权责发生制也称应计制、应收应付制，它以本期内取得收款权利或承担支付责任为基础来确定本期的收入或费用。凡应属于本期内已获得收款权利的收入或应承担支付责任的费用，不论款项是否已经实际收到或支付，均作为本期收入或费用处理；反之，凡不应归属本期内获得收款权利的收入或应承担支付责任的费用，即使其款项已在本期内实际收到或支付，也不作为本期的收入或费用处理。

收付实现制也称现金制、现收现付制，它完全以本期内实际收到或支付款项为基础来确定本期的收入或费用，凡本期内未曾收款的收入和未曾付款的费用，即使归属本期，也不作为本期的收入和费用处理。

权责发生制的核算手续比较复杂，需要运用一些账务处理手段，如应计、应付、预提、摊销等，并通过相应的会计账户加以归类反映。它能够揭示收入与费用之间的因果联系，体现收入与费用的配比关系，更为准确地反映出特定期间财务成果的真实面貌。收付实现制的核算手续比较简便，但不能正确反映各期的财务成果，只适用于事业单位和一些小型零售、服务性企业的会计核算。

四、财务会计的职能

会计的职能是会计固有的功能,是会计本质的体现。现代会计作为一个经济管理信息系统,具有以下五项职能:反映经济活动、控制经济活动、评价经营业绩、预测经营前景、提供经营决策支持。财务会计的基本职能是反映和控制,其中反映职能是决定会计本质的首要职能。

(一)反映经济活动

企业经济活动过程客观地存在于价值量方面,财务会计通过一系列程序和方法,把已经发生或已经完成的经济活动的数据记录下来,并经过必要的计算、分析、综合,加工成为全面、系统的财务信息,包括资产、负债、所有者权益增减的信息,费用发生的信息,收入取得和利润实现及其分配的信息等。主要反映企业已经形成的财务状况、财务状况的变化和经营成果,为控制经济活动、评价经营业绩提供必要依据,并可供预测经营前景和进行经营决策时参考。在会计的反映职能中,记录是最基本的内容,但记录所反映的往往是事物的表面现象,只有把记录的原始数据进行必要的计算加工(主要是分析、综合),分类汇总成为一系列财务信息,才能深入到经济过程的内部,揭示客观事物的本质联系。因此,分析、综合是反映的深化,是反映职能的重要因素。

(二)控制经济活动

财务会计对经济的控制,主要在于引导经济活动按照预定的计划和要求进行,以实现既定的目标。财务会计的控制职能主要体现在会计监督方面,会计监督通常是通过会计确认来实现的。在我国,国家的财经政策、法律法规、企业的计划或预算等,是实施会计监督的依据。财务会计对企业经济活动的有关数据进行会计确认,把符合会计确认标准的数据进行加工处理,提供反映计划或预算实际执行情况的财务信息，同时分析与检查企业经济活动是否符合国家财经政策和法律法规的要求，是否偏离计划或预算，是否取得预期的效益，帮助企业管理部门及时发现问题并采取措施，对经济活动进行必要的调节，或制止不合法和不合理的经济活动。

（三）评价经营业绩

财务会计的评价职能是通过财务报表的分析来实现的。财务会计提供的企业财务状况和经营成果的历史信息，反映了企业生产经营活动、筹资活动和投资活动各个方面的业绩；将之对比分析并在财务报告中予以揭示，就能从财务方面全面地评价经济活动的成败得失，分析其原因，肯定成绩，发现问题，并提出改进经营管理的对策。

（四）预测经营前景和提供经营决策支持

财务会计还具有预测经营前景和提供经营决策支持的某些功能。财务会计提供的历史信息，有的具有预测价值，有的与经营决策相关。例如，影响企业财务状况的、由企业所控制的经济资源及其利用效果的资料，有助于预计企业今后获取收入的能力；关于资金结构的资料，有助于预计今后的借款需要、现金流量和利润分配的情况，也有助于预计企业进一步筹集资金的成功程度；关于资金流动性和偿债能力的资料，有助于预计企业在未来财务承诺到期时的履约能力；关于企业经营业绩变化的资料，有助于预计企业在现有资源基础上的获利能力和利用新增资源可能取得的效益；关于企业财务状况变动的资料，有助于评价企业过去投资、筹资和经营等活动等。这些对做出经营决策都是必需和有用的。

五、财务会计的目标

财务会计的目标主要涉及两个方面：一是向哪些信息使用者提供信息；二是向信息使用者提供什么信息。会计目标随着社会制度、经济体制等客观环境的变化而变更，不同的信息使用者对会计信息的需求不尽相同。

　　财务会计主要通过包括财务报表在内的财务报告为会计信息使用者提供信息。财务报告（表）的目标或目的，一般理解为财务会计的目标。

　　国际会计准则委员会公布的《国际会计准则——关于编制和提供财务报表的框架》中有："财务报表的目标是提供在经济决策中有助于一系列使用者的关于企业财务状况、经营业绩和财务状况变动的资料。""财务报表的使用者包括现有的和潜在的投资者、雇员、贷款人、供应商和其他的商业债权人、顾客、政府及其机构和公众。他们利用财务报表来满足对资料的某些不同需要。"《国际会计准则——关于编制和提供财务报表的框架》中还指出："投资者关心他们投资的内在风险和投资报酬。他们需要资料来帮助他们决定是否应当买进、保持或卖出。股东们还关心能帮助他们评估企业支付股利的资料。""贷款人关心那些使他们确定自己的贷款和贷款利息能否得到按期支付的资料。""供应商和其他债权人关心能使他们确定企业所欠他们的款项能否如期支付的资料。""政府及其机构关心资源的分配，因此也关心企业的活动。为了管制企业的活动，决定税收政策和作为国民收入等统计的基础，他们也需要资料。"

　　美国财务会计准则委员会在 1978 年发表了第 1 号财务会计概念公告——《企业财务报告的目标》，其中认为财务报告的目标主要应包括以下几个方面。

　　第一，应该提供对现在的和潜在的投资者、债权人和其他会计信息使用者做出合理的投资、信贷和类似决策有用的信息。

　　第二，应该提供有助于现在的和潜在的投资者、债权人以及其他会计信息使用者评估来自股利或利息以及来自销售、偿付、到期证券或贷款等的实得收入和预期现金收入的金额、时间安排和不确定性的信息。

　　第三，应该提供关于企业的经济资源，对这些资源的主权，以及交易、事项和情况对这些资源及资源主权变动影响的信息。

　　第四，应该提供关于企业的经济资源、债务和所有者权益的信息，这些信息有助于识别企业的财务实力和弱点，并评估其变现能力和偿债能力。

　　第五，应该提供关于企业在某一期间的财务经营成果的信息。

　　第六，应该提供关于企业如何获得并使用现金的信息；关于企业的举债和偿还债款的信息；关于资本交易的信息（包括分配给股东的现金股利和其他的企业资源的信息）；关于可能影响企业的变现能力或偿债能力的信息。

第七，应该提供关于企业管理层是怎样利用受托使用的经济资源向股东履行经管责任的信息。

第八，应该为企业经理和董事根据股东权益进行决策提供有用的信息。

在我国当前的社会主义市场经济条件下，各类企业的会计信息使用者以及他们需要的信息，与上述内容大致相同，不同的是，我们国家既是宏观经济管理的调控者，又是国有企业和国家出资企业的投资者，因此国家也应要求企业提供有助于宏观调控、优化社会经济资源配置和进行合理投资决策所必需的信息。

综上所述，财务会计的主要目标是向政府机构、企业外部投资者、债权人和其他与企业有利害关系的单位或个人及企业管理层等一系列会计信息使用者提供有助于其做出投资、信贷及其他有关决策的企业财务状况、经营业绩和财务状况变动的各种财务信息和非财务信息，主要包括关于资产、负债和所有者权益状况，现金流动或其他资金流动等能反映企业财务实力、变现能力和偿债能力的信息，关于收入、利润形成及其分配等能反映企业经营成果、获利能力、支付现金股利能力及重新投资能力的信息。

我国《企业会计准则》明确指出，财务会计报告的目标是向财务会计报告使用者提供与企业财务状况、经营成果和现金流量等有关的会计信息，反映企业管理层受托责任履行情况，有助于财务会计报告使用者做出经济决策。财务会计报告使用者包括投资者、债权人、政府及其有关部门和社会公众等。

第二节 财务会计的机构设置与工作流程

一、财务会计机构的设置

为了正确地领导与组织会计工作，每个企业都应该根据会计业务的实际需要和精简的原则，建立健全会计机构，完善核算体制。

我国一些企业通常把会计机构与财务机构合并，设置财务会计机构，有的称为财务处（科）或财务部。在规模较大、实行分级管理体制的企业中，往往要在企业的一级财会机构之下，设置企业所属内部单位（如总厂所属的分厂）的一级财会机构，后者在业务上受前者的指导和监督。

企业财务会计机构的主要职责是：按照国家有关法规的要求进行会计核算，实行会计监督；拟订本单位办理会计事务的具体办法；参与计划、预算的拟订，考核并分析其执行情况，以及办理其他会计事务。为了充分发挥财务会计机构的职能作用，应当在会计机构内部明确划分业务范围，分设若干职能组或岗位，建立内部稽核制度，进行合理分工，建立会计人员岗位责任制。

为了充分发挥各级财务会计机构的积极作用，还要建立与企业管理体制相适应的核算体制。一般来说，小型企业通常实行一级核算体制，一切经济业务由企业财务会计机构集中进行系统的核算。大中型企业由于管理层次较多，企业所属二级单位（如分厂、分公司）在生产经营和管理上具有一定的相对独立性，为了正确区分经济责任和考核业绩，需要实行两级（或更多级别）核算体制。企业所属二级单位对本单位的经济业务进行比较全面的核算，在此基础上由企业连同其自身（总厂、总公司本部）的经济业务进行汇总核算，提供反映整个企业财务状况和经营成果的会计信息。

二、财务会计人员的配备

为了保证财务会计工作的顺利进行，企业必须根据实际需要和精简的原则，配备德才兼备、数量足够的财务会计人员，并赋予财务会计人员必要的职责和权限。

大中型企业可以根据《中华人民共和国会计法》和《总会计师条例》的规定设置总会计师。总会计师是企业的行政领导成员，协助企业的主要行政领导工作并直接对其负责。总会计师由政治素质好、理论政策水平高、领导能力强并具备会计师以上职业资格的人员担任。总会计师组织领导本企业的财务管理、成本管理、预算管理、会计核算和会计监督等方面的工作，参与本企业重要经济问题的分析和决策，并具体组织本企业执行国家有关财经的法律、法规、方针、政策和制度，保护国家财产。此外，总会计师在财务会计人员的配备和管理方面，也有一定的职权。

企业配备财务会计人员应该以工作需要和人员素质等情况为依据，力求结构合理、安排适当，并应该尽可能保持稳定，不要轻易变动。企业应该关心、爱护财务会计人员，采取必要措施帮助财务会计人员提高政治素质和业务素质。企业各级领导和有关人员也要支持财务会计人员行使工作职权，保障财务会计人员在依法行使职权时，不受侵犯和打击报复。同时，每个财务会计人员都应该努力提高思想水平、政策水平和业务技术水平，热爱本职工作，精通专业技术，养成良好的职业道德，依法行使职权，真正做到坚持原则、顾全大局，遵纪守法、廉洁奉公，精打细算、讲求效益，实事求是、处事公允，切实做好本职工作。

三、财务会计的工作流程

财务会计的职责主要是对企业已经发生的交易或事项，通过确认、计量、记录和报告等程序进行加工处理，并借助于以财务报表为主要内容的财务报告形式，向企业外部的利益集团（政府机构、企业投资者和债权人等）及企业管理者提供以财务信息为主的经济信息。这种信息是以货币作为主要计量单位并结合文字说明来表述的，它反映了企业过去的资金运动或经济活动。

（一）设置会计科目

1.会计科目

会计科目是指对会计要素的具体内容进行分类核算的项目。按照信息的详细程度及统驭关系的不同，会计科目又分为总分类科目（或称一级科目）和明细分类科目。前者是对会计要素具体内容进行总括分类，提供总括信息的会计科目，如"应收账款""原材料"等科目；后者是对总分类科目做进一步分类，提供更详细、更具体的会计科目，如"应收账款"科目按照债务人名称设置明细科目，反映应收账款的具体对象。

会计科目是复式记账和编制记账凭证的基础。我国现行的统一会计制度中对企业设置的会计科目做出了明确规定，以保证不同企业对外提供的会计信息的可比性。一般来讲，一级科目应严格按照《企业会计准则——应用指南》中的内容设置，明细科目可参照设置。

所谓设置会计科目就是在设计会计制度时事先规定一些项目，然后根据它们在账簿中开立相关账户（针对部分科目），并分类、连续地记录各项经济业务，反映由于各个经济业务的发生而引起的各个会计要素的增减变动情况。

会计科目与账户的关系：账户是根据会计科目设置的，具有一定格式和结构，用于分类反映会计要素的增减变动情况及其结果的载体。实际上，账户就是根据会计科目在会计账簿中的账页上开设的户头，以反映某类会计要素的增减变动及其结果。

2.会计科目的设置原则

（1）合法性原则。会计科目的设置应当符合国家统一会计制度的规定。

（2）相关性原则。会计科目的设置应该为有关各方提供所需要的会计信息服务，满足对外报告与对内管理的要求。

（3）实用性原则。会计科目的设置应该符合企业自身特点，满足企业实际需要。

3.设置会计科目的具体工作

设置会计科目主要包括两项工作。

（1）设计会计科目表，以解决会计科目的名称确定、分类排列、科目编号问题。

（2）编写会计科目使用说明，其内容主要包括各个会计科目的核算内容、核算范围与核算方法，明细科目的设置依据及具体明细科目设置，所核算内容的会计确认条件及时间和会计计量的有关规定，对涉及该科目的主要业务的账务处理进行举例说明，以便会计人员据此准确地处理会计业务。

（二）复式记账

复式记账是与单式记账相对应的一种记账方法。这种方法的特点是对每一项经济业务都要以相等的金额，同时记入两个或两个以上的有关账户。通过账户的对应关系，可以了解有关经济业务的来龙去脉；通过账户的平衡关系，可以检查有关业务的记录是否正确。

复式记账法的类型主要有借贷记账法、收付记账法和增减记账法。我国和大多数国家都普遍使用借贷记账法。

1.借贷记账方法的特点

（1）使用借贷记账法时，账户被分为资产（包括收入）类和负债及所有者权益（包括费用与利润）类两大类别。

（2）借贷记账法以"借""贷"为记账符号，以"资产＝负债＋所有者权益"为理论依据，以"有借必有贷，借贷必相等"为记账规则。

（3）借贷记账法的账户基本结构是将账户分为左、右两方，左方称为借方，右方称为贷方。在账户借方记录的经济业务称为"借记某账户"，在账户贷方记录的经济业务称为"贷记某账户"。至于借方和贷方究竟哪一方用来记录金额的增加，哪一方用来记录金额的减少，则要根据账户的性质来决定。资产类账户的借方登记增加额，贷方登记减少额；负债及所有者权益类账户的贷方登记增加额，借方登记减少额。

（4）账户余额一般在增加方。如资产类账户余额一般为借方余额，负债类账户余额一般为贷方余额。资产类账户的期末余额公式为：期末借方余额＝期初借方余额＋本期借方发生额－本期贷方发生额；负债及所有者权益类账户的期末余额公式为：期末贷方余额＝期初贷方余额＋本期贷方发生额－本期借方发生额。

（5）为了检查所有账户记录是否正确，可进行试算平衡。试算平衡有两种方法，一是发生额试算平衡法，其公式为：全部账户本期借方发生额合计＝全部账户本期贷方发生额合计；二是余额试算平衡法，其公式为：全部账户的借方期初余额合计＝全部账户的贷方期初余额合计，全部账户的借方期末余额合计＝全部账户的贷方期末余额合计。

（三）填制、审核会计凭证

会计凭证是记录经济业务、明确经济责任的书面证明，是登记账簿的依据。会计凭证必须经过会计部门和有关部门审核，只有经过审核并正确无误的会计凭证才能作为记账的根据。

（四）登记账簿

账簿是用来全面、连续、系统地记录各项经济业务的簿籍，是保存会计数据、资料的重要工具。登记账簿就是将会计凭证记录的经济业务，序时、分类记入有关簿籍中设置的各个账户内。登记账簿必须以会计凭证为依据，并定期进行结账、对账，以便为编制会计报表提供完整、系统的会计数据。

（五）成本计算

成本计算是指在生产经营过程中，按照一定对象归集和分配发生的各种费用支出，以确定该对象的总成本和单位成本的一种方法。通过成本计算，可以确定材料的采购成本、产品的生产成本和销售成本，可以反映和监督生产经营过程中发生的各项费用的节余或超支，并据此确定企业的经营盈亏。

（六）财产清查

财产清查是指通过盘点实物、核对账目，保持账实相符的一种方法。通过财产清查，可以查明各项财产物资和货币资金的保管和使用情况，以及往来款项的结算情况，监督各类财产物资的安全与合理使用。如在清查中发现财产物资和货币资金的实有数额与账面结存数额不一致，应及时查明原因，通过一定审批手续进行处理，并调整账簿记录，使账面数额与实存数额保持一致，以保证会计核算资料的准确性和真实性。

（七）编制会计报表

会计报表是根据账簿记录定期编制的、总括反映企业和行政事业单位特定时点（月末、季末、年末）和一定时期（月、季、年）的财务状况、经营成果以及成本费用等的书面文件。主要的财务报表包括资产负债表、利润表和现金流量表。

第三节 财务会计理论的定位与作用

一、财务会计理论的定位

财务会计理论是从会计实践中产生的，在历史的变迁中不断演变形成的。研究财务会计理论对理解现今的财务会计实务以及促进财务会计学科的发展都具有重要意义。

（一）财务会计理论的概念

关于会计理论的概念，不同的会计学者和组织有着不同的解释。需要说明的是，会计理论范围有广义和狭义之分，广义的会计理论包括财务会计理论、管理会计理论和审计理论，此处研究的是狭义的财务会计理论。

1966 年，美国会计学会在《基本会计理论说明书》中将会计理论定义为"前后一致地将假定性的、概念性的和实用性的原理的整体，构成对所要探索领域的可供参考的一般框架"。这一定义，强调了财务会计理论的构成内容及其体系问题。

英国的会计学者在《财务会计理论与准则》（1992）中提出："会计理论可以定义为：一套前后一贯的概念性、假设性和实用性原则，用于解释和指导会计师确认、计量和传输经济信息的行为。"

（二）财务会计理论的定位

美国会计学家肯尼斯·S.莫斯特在《会计理论》（1982）中描述："理论是对一系列现象的规则和原则的系统描述，它可视为组织思想、解释现象和预测行为的框架。会计理论由会计实务的原则和对方法程序的系统描述组成。"

1977 年，美国会计学家埃尔登·S.亨德里克森修订了《会计理论》（1965）中发表的论述，他认为："会计理论可以定义为一套逻辑严密的原则，它使会计实务工作者、投资人、经理和学生更好地了解当前的会计实务；提供评估当前会计实务的概念框架；指导新的会计实务和程序的建立。会计理论可用来说明现行实务，以获得对它们的最好理解。"这里强调的是，会计理论的表现形式是会计原则。

1986 年，美国罗切斯特大学的罗斯·L.瓦茨和杰罗尔德·L.齐默尔曼在《实证会计理论》中，从实证会计研究方法的认识角度，对会计理论做了如下解释：会计理论的目标是解释和预测会计实务，解释是指为观察到的实务提供理由；预测是指会计理论应能够预计未观察到的会计现象，包括那些已经发生但尚未搜集到系统证据的现象。他们倡导的会计理论研究限于对"是什么"和"将会是什么"的解释，较少涉及"应当如何"的逻辑演绎领域。

2000 年，美国会计学家艾哈迈德·里亚希-贝克奥伊在《会计理论》中提出，理论可以被定义为"以解释和预测会计现象为目标的，通过辨别变量之间的关系来系统反映现象的观点的一套相互联系的概念、定义、命题"。这种观点与亨德里克森的极为相似，也是主要强调会计理论的构成内容，即认为"会计理论"应当是一套系统的原则或者互为关联的概念、定义所构成的体系。

2004 年，美国会计学家亨利·I.沃尔克等在《会计理论》（第六版）中指出，"会计理论"可被定义为"用于起草会计准则的基本规则、定义、原则和概念，以及它们的由来。站在实用主义的角度，会计理论的目的在于改进财务会计和财务报告"。这一观点是对会计理论功能的直接表述。

美国财务会计准则委员会指出，财务会计概念框架是由相互关联的目标和基本概念所组成的逻辑一致的体系，这些目标和基本概念可用来引导首尾一贯的准则，并对财务报告的性质、作用和局限性做出规定。财务会计概念框架，实际上就是对财务会计基本理论的一种特定表述。现在大多数人认为，会计理论主要是指财务会计概念框架，它主要包括会计目标、会计假设、会计概念和会计准则，是一个旨在探索会计本质的总体性参考框架。

葛家澍在其著作《关于会计基本理论与方法的问题》中指出，会计理论是来自会计实务，高于会计实务，反过来又可以指导会计实务的一套规范性的概念框架。它的任务在于解释、预测并指导会计实务。

研究财务会计理论就要科学地界定会计的概念，合理地确定会计的范围，以进一步发展会计理论，指导会计实践，并不断改进会计实务，为会计信息使用者提供信息，为会计研究人员扩大会计应用范围提供有用的框架。

二、财务会计理论的作用

由于理论是对现实的抽象和简化，而现实世界不但错综复杂且日新月异，因此完美无缺的财务会计理论实际上是不存在的。人们对财务会计理论加以选择的一个重要标准是财务会计理论所能解释和预测财务会计实务的范围及其对会计信息使用者的效用。

对财务会计理论的作用的认识，有两种不同的观点，其中规范会计研究者认为会财务计理论的作用在于解释、预测和指导财务会计实务；而实证会计研究者认为理论的作用仅限于解释和预测。

（一）国外学者的观点

1.规范会计研究者的观点

规范会计研究者对会计理论功能的观点与美国会计学会对会计理论研究的目的一致。他们认为会计理论的作用有以下四点。

第一，确定财务会计的范围，以便定义财务会计的概念，并有可能发展财务会计理论。

第二，建立财务会计准则来判断、评价财务会计信息。

第三，指明财务会计实务中有可能改进的某些方面。

第四，为财务会计研究人员寻求扩大财务会计应用范围以及因社会发展的需要而扩大会计学科范围时，提供一个有用的框架。

2.实证会计研究者的观点

实证会计研究者对财务会计理论功能的认识，在瓦茨和齐默尔曼所著的《会计理论的需求与供给：市场解释》（1979）中体现为以下三个方面。

（1）教学需要

通常不同的财务会计政策会产生不同的经济结果，为了降低企业的代理成本，需要设计不同的财务会计政策和财务会计程序。但是，程序的多样化会导致技术、格式上的不一致，增加教学的难度。因此，理论工作者往往从评价和检查现存财务会计系统的过程中，通过总结不同程序的相似性和差异性来发展财务会计理论。

（2）信息需要

经理、审计师、债权人和账务分析专家需要利用会计理论来了解和预测会计政策选择对其财富的影响。同时，审计师还需要了解管理者所选择的会计程序对契约成本的影响状况。例如，在审计契约中，注册会计师往往需要利用会计理论去对不同的会计程序可能导致的代理成本、审计风险以及诉讼可能性进行评估。

（3）辩解需要

按照代理理论，委托方和代理方的目标往往并不一致，前者把追求利润放在首要位置，而后者除了希望企业货币收益最大化，还希望有闲暇舒适的环境、带薪休假等福利待遇。所以不能排除代理方存在牺牲委托方的利益来追求个人利益的行为。财务会计理论的存在，可以使审计人员充分了解企业管理层管理的成果，提升审计人员的业务技能，而且可以使审计人员有充足的理由去抵制管理层的盈余操控行为。

或者说，建立财务会计理论的意图是对现行的惯例进行论证和批判，而财务会计理论形成的主要动力来自必须为财务会计所做或期望做的事提供证据。然而，财务会计理论又要接受财务会计实务的验证，所以美国会计学家艾哈迈德·里亚希-贝克奥伊认为，某种给定的财务会计理论应能解释和预测财务会计现象，但当这些财务会计现象出现时，它们又反过来验证理论。美国会计学家亨利·I.沃尔克强调理论的作用主要在于解释和预测不同事物或现象之间的关系。他认为，财务会计理论对财务会计实务的作用主要通过财务会计理论对于财务会计政策选择（即准则制定）的影响而得以实现。

（二）国内学者的观点

国内学者魏明海总结了财务会计理论的三种基本功能。

1.信息传递和经验总结功能

财务会计理论包含关于财务会计实务的信息知识和对该项实务活动的描述，从而起到信息搜集传播和经验归纳总结的作用。

2.解释和评价功能

为什么现在的财务会计实务会被采用？财务会计实务为何产生？如何产生？实效如何？这些问题都可借助财务会计理论来回答。人们之所以研究财务会计理论，一个重要方面就是要对现存的财务会计实务做出合理的解释，以说明对某项交易之所以采用这种方法和程序，而不采用其他的方法和程序的理由，从而为现在采用的财务会计实务提供理论依据。

3.预见和实践功能

财务会计理论不只解释财务会计实务在一定时期内如何进行，产生何种作用，而且还要预见财务会计实务中将要产生的新现象和新问题，并预测财务会计实务的发展趋势和前景。所谓"预见"是指财务会计理论能对未来可能发生的新的财务会计实务进行预测或指导，对财务会计人员期望做的事提供理论依据。在众多尚未制订出会计规范的领域中，利用财务会计理论的指导去建立会计准则和制度等各种规范，以解决实务中的新问题。

我国目前正处在经济转型的关键时期，财务会计理论面临新的发展机遇与挑战，财务会计理论研究空前活跃，会计改革涌现出来的新情况、新问题，迫切需要财务会计理论适时做出科学的解释与指导。建立适应中国特色社会主义市场经济的会计法规、会计政策、会计准则，也需要财务会计理论研究作为坚强的后盾。因此，我国的财务会计理论研究除了发挥信息需要、教学需要和政策支持功能外，还应积极吸收发达国家的先进会计理念、会计理论和会计方法，为我国财务会计改革服务，促进我国的经济发展，促进经济体制进一步完善。

三、财务会计理论的目标

财务会计理论的目标是解释和预测财务会计实务。会计实务的定义较为广泛，由于会计的性质和发展与审计紧密相关，所以审计实务也被视作会计实务的组成部分。

"解释"是指为观察到的会计实务提供理由，如财务会计理论应当解释为什么在存货计价时不能采用后进先出法。

"预测"是指财务会计理论应能够预测未观察到的会计现象。未观察到的会计现象未必就是未来现象，它们包括那些已经发生但尚未收集到与其有关的系统证据的现象，这类预测可以利用历史数据对采用这两种方法的公司的属性加以验证。

上述理论观点直接或间接地构成了经济学上大部分以经验为依据的研究基础，也是科学上广为采用的理论观点。

四、财务会计理论的重要性

许多人必须做出与对外财务报告有关的决策。公司管理人员必须决定采用何种会计程序来计算对外财务报告中的有关数据，如必须决定是采用直线法还是采用加速法来计算折旧；管理人员必须决定向制定会计准则的机构陈述意见的有关问题，如管理人员必须决定何时陈述意见，赞成或反对哪种程序，管理人员还必须选聘 个会计师事务所。

注册会计师经常按照管理人员的要求，就对外财务报告应采用何种会计程序提出建议。此外，注册会计师自己也必须决定是否对提议中的会计准则进行表态，如果要表态的话，应确定持何种立场。

信贷机构（如银行和保险公司）的负责人也必须对采用不同会计程序的公司的资信（即履约能力和可信任程度）进行评比。作为债权人和投资者，他们在做出贷款或投资决策之前，必须对不同会计程序加以权衡。此外，贷款协议一般都附有以会计数据为依据的、公司必须遵循的条款，公司如有违背其贷款将被取消；信贷机构的负责人必须规定贷款协议中的有关数据应采用何种会计程序（如果有的话）来计算。

投资者和受雇于投资机构的财务分析专家也必须分析会计数据。具体地说，财务分析专家必须对采用不同会计程序和聘请不同会计师事务所的公司的投资进行评价。与注册会计师和公司管理人员一样，财务分析专家也必须对潜在的会计准则陈述自己的意见。

最后，制定会计准则的机构，如财务会计准则委员会和证券交易委员会，他们必须决定予以何种会计程序认可，据以限制各个公司可供使用的会计程序；他们还必须决定公司对外报告的频率（如月、季、半年或年度）和必须加以审计的内容。

假定所有团体或个人在对会计和审计程序做出选择或提出建议时，都是为了尽可能地维护自身的利益（即他们的预期效用）。为了做出有关会计报告的决策，这些团体或个人需要了解备选报告对其利益的影响程度，如在选择折旧方法时，公司管理人员需要分别了解直线折旧法与加速折旧法对自身利益的影响。如果公司管理人员将利益依赖于公司的市场价值（通过优先认股计划、贷款协议和其他机制加以表现），那么公司管理人员就希望了解财务会计报告对决策及决策对股票和债券价格的影响。因此，管理人员需要一种能够解释财务会计报告与股票、债券价格之间的相互关系的理论。

股票和债券的价格并不是财务会计报告及决策借以影响个人利益的唯一变量。如美国证券交易委员会的成员还关注国会议员对会计准则的态度，因为国会议员的态度影响着证券交易委员会的预算，以及证券交易委员会成员所能控制的资源。

要确定财务会计报告决策与影响个人利益的变量之间的关系相当困难。财务会计程序与证券市场价值的关系错综复杂，不能单纯通过观察财务会计程序变化时证券价格的变化来加以确定。同样，备选财务会计程序和备选财务会计报告以及审计方法对证券价格、证券交易委员会的预算和财务会计实务的影响也相当复杂，不能仅仅依靠观察予以确定。

注册会计师或公司管理人员也许会观察到会计程序变化与证券价格变化等变量之间存在着联系，但却无法断定这种联系是否属于因果关系。证券价格的变化可能不是由于程序变化所引起的，也就是说，这两种变化都可能是其他事项发生变化的结果。在这种情况下，会计程序变化并不一定导致证券价格的变化。为了做出合乎因果逻辑的解释，财务会计实务工作者需要一种能解释变量之间相互联系的理论。这种理论能够使实务工作者把因果关系与某个特定变量（如程序的变化）联系起来。

　　当然，根据自身的经验，注册会计师、信贷机构等单位的负责人也可建立一套含蓄的理论，以便在决策时用以评估不同会计程序或会计程序变化的影响。然而，这些理论受到财务会计实务工作者特定工作经历的限制，这种限制可能导致其形成片面的理论。采用大量观测值进行结构严谨的经验性检验，研究人员可建立一种具有说服力和预测力的、关于解释现实世界的理论。总之，研究人员应能够提供一种更有助于决策者尽可能增加其利益的理论，这种理论就是财务会计理论。

第三章 财务会计数据分析

近年来，随着我国社会主义市场经济的不断发展和经济管理体系的不断完善，企业数量不断增多，市场规模逐渐扩大，财务会计作为企业的重要核算中心，其工作质量和工作效率在一定程度上对企业的发展具有直接影响。在当前激烈的市场竞争环境下，为保证企业的长期稳定发展，财务会计工作者需要从海量的数据信息中提取那些企业所需的准确可靠的会计信息，因此，提高财务会计数据分析能力，保证数据结果的准确性和科学性，对企业的发展至关重要。

第一节 财务会计数据处理与分析

一、财务会计数据与会计信息

数据是指从不同的来源和渠道取得的原始资料。一般来说，数据还不能作为人们判断并得出结论的可靠依据。数据包括数字数据与非数字数据。在会计工作中，从不同的来源、渠道取得的各种原始会计资料称为财务会计数据，比如某日仓库的进货量和金额，某日某零件的生产量等。财务会计数据通常反映各种内容，体现在对外会计报表中。

会计信息与财务会计数据是两个紧密联系而又有区别的概念。会计信息是通过对财务会计数据的处理而产生的,财务会计数据只有按照一定的要求或需要进行加工处理,生成会计信息后才能满足管理者的需要,为管理者所用。有的财务会计数据对一些管理者来说是会计信息,对另一些管理者来说则需对其进一步加工处理,才能使之成为会计信息。例如,某车间某月某部件的成本资料,对车间的管理员来说是会计信息,但对企业领导来说,仅是财务会计数据。

二、财务会计数据处理

(一)数据的处理

数据处理是对数据进行各种计算、逻辑分析、归纳汇总,使之转化为有用的信息的过程。数据处理方法因所处理的对象与所要达到的目标不同而千差万别。数据的处理方法一般有变换、排序、核对、合并、更新、抽出、分解、生成八种。这八种操作是数据处理中最基本的加工操作。现代数据处理系统已经引入了各种技术手段,如采用预测技术、模拟技术等对数据进行更高水平的加工。

(二)财务会计数据的处理

财务会计数据处理是指对财务会计数据进行加工,生成管理所需的会计信息的过程,一般要经过采集、录入、传输、加工、存储、输出等环节。财务会计数据处理不仅包括为提供对外报表所进行的一系列记账、算账、报账等工作,还包括在此基础上为提供控制、预测、决策所需会计资料所进行的进一步的处理工作。财务会计数据处理是会计工作的重要内容之一,是进行其他会计工作和管理工作的基础。财务会计数据处理有手工处理、半手工处理、机械化处理、电子计算机处理四种方式。

(三)财务会计数据处理的特点

财务会计数据处理具有如下特点。

第一,数据来源广泛,连续性强,数据量大,存储周期长,类型较为复杂,输入时要进行严格的审核。

第二，要求所处理的财务会计数据准确性高。

第三，信息输出频繁且信息量大，输出形式多种多样。

第四，环节较多，处理步骤定期重复进行，处理过程必须符合会计制度和法律、法规要求，并方便审计。

第五，各种证、账、表，要作为会计档案长期保存，以方便查找。

第六，财务会计数据处理的安全性、保密性要求高。

第七，处理的结果不仅要满足企业对外报表的需要，还应当满足其他信息需求者的要求。

三、财务会计数据分析

财务会计工作的目的之一是提供决策用的财务会计信息。而财务会计数据分析的主要目标有三个方面，即分析公司的获利能力，分析公司的财务状况和偿债能力，分析公司的筹资能力和投资的合理性。

（一）财务会计数据分析的含义和原则

财务会计数据分析，亦称财务报表分析，是运用财务报表的有关数据对企业过去的财务情况、经营成果及未来前景的一种评价。财务会计数据分析的主要内容是会计报表分析、财务比率分析和预算分析。

不论是静态的资产负债表，还是动态的利润表和现金流量表，它们所提供的有关财务状况和经营成果的信息都是历史性的描述。尽管过去的信息是进行决策的主要依据之一，但过去未必能代表现在和将来。因此，财务报表上所列示的各类项目的金额，如果孤立起来看是没有多大意义的，其必须与其他金额相关联或相比较才能成为有意义的信息，供决策者使用。而这些正是财务数据分析所要解决的问题。

进行众多信息资料的收集、整理、加工，形成有用的分析结论，在手工会计条件下是难以全面展开的，而财务分析软件解决了这一问题。财务分析软件一般都设置了绝对数额分析、定基分析、对比分析、环比分析、结构分析和趋势分析等功能，提供了经营者、债权人、投资者等多角度的分段报表选择和数据资源的共享功能，以及计划情况分析。利用财务分析软件能轻松地完成对财务会计数据的加工工作，及时、迅速、准确地获取有用的信息，为决策提供正确、客观的依据。财务会计数据分析的基本原则是趋势（动态）分析和比率（静态）分析相结合，数量（金额）分析与质量分析相结合，获利能力分析和财务状况分析相结合，分析过去与预测未来相结合。

（二）财务会计数据分析的基本方法

财务会计数据分析的方法灵活多样，针对企业实际情况和分析者会采用不同的分析方法，下面介绍几种常用的分析方法。

1. 趋势分析法

趋势分析法是根据一个企业连续数期的财务报表，比较各期的有关项目金额，以揭示当期财务状况和经营成果增减变化及其趋势的一种方法。趋势分析可以做统计图表，以观察变化趋势。趋势分析的具体方法如下：

（1）比较各项目前后期的增减方向和幅度。先把前后期各项目的绝对金额进行比较，求出增或减的差额，再将所求差额除以前期绝对额，求出增或减的百分比，以说明其变化的程度。

（2）求出各项目在总体中所占的比重（百分比），如利润表中以销货净额为总体（100%），资产负债表中分别以资产总额和权益总额为总体（100%）。比较利润表的分析以及比较资产负债表的分析都使用趋势分析法。

2. 比率分析法

比率分析法是在同一张财务报表的不同项目之间、不同类别之间，或在两张不同财务报表，如资产负债表和利润表的有关项目之间，用比率来反映它们的相互关系，以便从中发现企业经营管理中存在的问题，并据以评价企业财务状况的好坏。分析财务报表所使用的比率以及对同一比率的解释和评价，根据分析资料的使用者的着眼点、目标和用途不同而不同。

3. 构成分析法

构成分析法是以报表或账簿上某一关键项目作为基数，计算其构成因素所占项目的百分比。

4.比较分析法

比较分析法是通过对经济指标在数据上的比较，来揭示经济指标之间数量关系和差异的一种分析方法，主要有绝对数额分析法、定基分析法、环比分析法三种形式。

第二节 财务会计数据的综合利用

在现代企业中，财务会计工作是一项重要的管理工作，财务部门是管理信息的主要来源之一，会计信息系统提供的信息量占企业全部信息量的70%左右，企业会计电算化系统的建立和会计核算软件的使用，使财务会计工作发生了质的变化，会计凭证填制与生成、账簿登记、报表生成以及内部控制都发生了深刻的变化，并产生了丰富的财务会计数据。这些数据如何加以综合利用，使之在企业管理、经营、分析、预测和决策中发挥更有效的作用，是企业管理者关心的问题，也是财务会计软件发展的趋势之一。计算机引入财务会计工作中，大大加深与拓宽了财务会计数据的利用深度和广度，减轻了财务会计人员的核算工作量，从而为财务会计数据的综合利用提供了技术手段。进行财务会计数据综合利用的途径有以下几个方面。

一、对财务会计软件本身提供的数据处理功能进行综合利用

商品化财务会计软件或者自行开发的财务会计软件一般都有以下几种功能：财务会计业务处理功能，包括财务会计数据输入、财务会计数据处理、财务会计数据输出；系统控制功能，包括数据完整性、可靠性控制，数据安全性控制和保留足够

的审计线索；系统操作的简便性和容错性，包括系统的菜单或者对话框应该符合日常的会计核算流程，任何操作都应该有必要的提示，对误操作应该有警告和提示信息；系统的可移植性，即应满足硬件和操作系统的升级需要。

例如，某财务管理软件由财务、购销存和决策三部分组成，各部分相对独立，其功能能满足用户的基本管理需要，并且能融会贯通，有机地结合为整体，满足用户全面经营管理的需要。

二、利用财务会计软件本身的开放接口进行二次开发

会计电算化信息系统内各子系统之间都有数据接口，用以传递子系统内部的信息。这种数据传递通常是根据事先设计好的数据模式，按照模式定义，自动采集、加工、处理数据，生成传递数据，输入系统间的数据接口或加载到另一个系统中去。然而，在实际业务中，用户对软件的使用不全是按照软件开发设计来进行的，不同的用户对数据具有不同的需求。许多财务会计软件提供将所有的账簿、报表数据转换成电子表格以及文本文件等格式的功能，以及直接从数据库在线管理系统获取数据的功能。这样，一方面有利于用户进行系统的二次开发，另一方面使得财务会计软件更易于与第三方软件结合，充分利用信息资源。

例如，某财务管理软件可以借助系统自由表的链接与嵌入功能，使一个应用程序的文档中包含另一个应用程序创建的信息，如在自由表中插入电子表格和文档等支持链接与嵌入功能的程序。

三、利用财务会计数据分析模块实现数据的综合利用

财务会计数据分析以企业财务报表和其他资料为依据和起点，采用一定的方法，系统分析和评价企业的过去和现在的经营成果、财务状况及其变动，目的是了解过去、预测未来，为企业决策提供辅助信息。

财务比率是根据财政部公布的评价单位经济效益的六大类指标体系（共 24 个

基本财务指标），并规定其各自相对应的计算公式而形成的。目前，大多数会计软件都设计了财务会计数据分析模块，对财务会计数据进行分析比较，分析功能主要有财务指标分析、标准指标分析、理想指标分析、报表多期分析，还有变动百分比、结构百分比、定基百分比、历史比率分年分析、财务状况综合评价以及营利能力、偿债能力、成长能力等指标分析，分析的结果以报表或图形的方式直观地展现给用户。有些软件还提供现金收支分析功能，向用户提供现金收支表、现金收支增减表、现金收支结构表等信息。

利用会计软件进行财务会计数据分析时，首先要进行一定的初始化操作，用来设定一些基本的分析项目和指标。然后，指定指标数据的分析日期以及比较日期等时间信息，就可得到相应的分析内容。

（一）财务比率的初始化

财务比率指标的数据来源于企业总账系统，初始化的作用在于选定本单位需要分析的具体财务指标，以使指标分析更简捷，清楚地反映分析者的意愿。

操作时，用鼠标双击系统主界面中的初始指标，显示分析指标项目，然后选定具体需要分析的指标，单击某一指标的比率名称完成操作。

（二）分析日期与比较日期的选择

在财务分析模块中，双击系统主界面中的"指标分析"，弹出"基本指标分析"对话框，进行分析日期与比较日期选择。分析日期可以按月、季、年进行选择；比较日期有"本年年初"与"任一期"两种选择，在系统中，可以同时选中，也可以只选其中之一。选定"任一期"作为比较日期，即把选定分析日期的指标与将要进行比较的某年度中的某一期进行比较。

四、利用辅助账管理实现数据综合利用

手工会计条件下，会计核算方法遵循会计准则和会计制度的要求，按照一个会计核算期内初始建账时所设置的会计科目体系结构进行数据逐级汇总核算。若想按

管理所需要的核算模式进行特殊的会计数据处理，在手工会计条件下难以实现。会计电算化后，辅助账管理功能的引入有效地解决了上述问题。辅助账特别是"专项核算""台账"等功能，是按照分析核算和会计信息重组的思路进行设置，即在日常所设置的会计科目结构体系进行常规会计核算的基础上，由用户根据自己的管理需要进行"任意"组合，完成账务数据的交叉汇总、分析和统计，生成不同科目结构的会计核算数据，从而达到多角度分析财务会计数据的目的，如根据企业的商品、部门、人员、地区、项目等进行专项处理，获得有关的财务信息。

将多种辅助账簿，如专项核算和台账结合在一起，组合为专项核算台账，则可对某核算项目的信息进行多方位、即时的数据查询，再利用报表功能将辅助账信息进行重组，以表格或图形的方式提供给用户，则更能实现对数据的综合利用。

第三节 财务会计软件中数据的获取

财务分析的对象是财务会计数据，如何从会计软件中获得所需的数据，以及如何从不同角度获取数据是进行财务会计数据分析的前提。手工会计条件下，财务会计数据存放在凭证、账簿和报表等纸介质之中，因此获取财务会计数据只能靠人工摘录、抄写和复制。会计电算化后，传统的会计的数据处理方式、存储方式、输出方式发生了根本性变化，它可以根据企业管理、分析、预测、决策的各种需要，做到及时、准确地提供丰富的数据源和复杂的计算结果。

一、财务会计数据源分析

根据财务会计数据存放介质和范围的不同，财务会计数据源可以分为以下几种。

（一）手工财务会计数据源

各单位在开展电算化时，不可能一开始就建立完整的电算化核算系统，往往是从账务处理、会计报表子系统开始，逐渐向其他子系统扩展。因此，在电算化工作起始阶段，财务会计数据不能全部都从电算化系统内获得，有些数据仍需从手工账簿中获取。

（二）单机环境下的数据源

对于小型企业来讲，会计核算往往在单机中进行。大部分数据存放于本地计算机内且数据不能共享，获取数据时，须借助于数据存储介质。

（三）局域网环境下的数据源

越来越多的单位，建立起基于局域网环境下的计算机会计信息系统。在局域网环境中，会计核算工作是在若干个工作站和网络服务器构成的局域网络环境中进行，财务会计数据保存在本地的网络服务器中，单位内部可实现数据资源共享。

（四）广域网环境下的数据源

随着全球以国际互联网为中心的计算机网络时代的到来，一些大型企业、集团公司、跨国公司纷纷建立广域网环境。在广域网环境下，不仅能够即时提供集团公司内部的财务会计数据，而且还能提供丰富的外部信息，不少软件已推出了具有网络功能的远程查询系统，供使用者访问不同地区的多种数据源。

（五）辅助数据源

财务分析时除需要会计信息之外，还需要其他的辅助信息，如市场信息、金融信息、政策信息等，另外还需从其他管理系统中，如生产管理系统、物料管理系统、人事管理系统中获取的信息。

二、从会计信息源中获取信息的途径

（一）一次输入、多次使用

会计软件的设计者充分考虑了数据的共享和重复使用，因而所有的财务会计数据在一次录入后，均可多次重复使用，如采购单录入后，可直接生成凭证，并转入财务处理子系统；成本费用可以在成本核算中录入，进行成本计算后再通过凭证自动生成，引入财务处理子系统，从而为财务会计数据分析模块提供数据源。

（二）查询录入

查询录入是指管理者查询和阅读获取数据后，通过人工录入方式将相关数据存入会计管理系统的数据分析文件中。对于没有实现完整电算化的单位而言，这一方式是必不可少的。例如，某单位没有使用固定资产核算模块，若要分析与固定资产有关的数据，就必须从手工账中查阅到该信息后，将其录入计算机。

（三）机内取数

运用会计软件或其他计算机应用软件所提供的取数工具，直接从存储于机内的账务、报表等模块中读取或生成所需的财务分析数据，这是获得财务会计数据的主要途径。

（四）利用数据库本身提供的数据转出

各种大型数据库都提供了导出功能，可以将指定的数据以指定的文件格式转出，不同数据库的转出功能可以参看相应的数据库管理手册。有些软件中提供了"查询数据转出"功能，可以直接将查询到的数据导出，提供给财务会计数据分析模块使用。

（五）读取存于机外存储介质中的数据

机外存储介质可用来存放会计数据源和辅助数据源文件。会计软件可自动从这些介质上直接获取数据，并将数据存放在财务会计数据分析模型中。这种方式适用于单机之间数据的传递。例如，某集团公司欲从各销售网点中获取有关销售数据，各网点独立运行单机的销售软件，这时就要求各销售网点将装有销售数据的存储介质送到总公司，由计算机完成数据的读取工作。

（六）网络传送

在局域网络环境中，不同的财务会计数据（如账务数据、材料核算数据、固定资产核算数据、成本核算数据等）是由不同的子系统产生的，但最终都存放在服务器上，此时财务会计数据分析系统可自动从网络服务器上直接获取数据。

对于采用广域网络环境的单位来说，各分公司、子公司或基层单位的会计业务处理都在不同城市的计算机中完成，并存放在当地计算机或服务器中。总公司、母公司或上级单位所需的财务管理与决策数据来自下属单位，因此各分公司、子公司或下属单位应定期（1 天、5 天或 10 天）利用远程通信工具，通过互联网，向其上级单位报送财务会计数据。上级单位在收到所属单位传送的财务会计数据后，便可由财务会计数据分析系统自动从主网络服务器上或本地硬盘中直接获取数据。

第四节 大数据与财务会计核算

随着云时代的到来，大数据在众多行业受到了关注，大数据和云计算技术具有快速处理和分析数据等优势，在互联网时代为各行各业的发展提供了有力的技术支撑。会计核算主要是记录、核算、反映和分析资金在企业经济活动中的变动过程及其结果。会计核算是一门对数据分析和处理要求很高的工作，引入大数据财务运算技术，能够提高会计核算工作的数据处理效率和质量。一般情况下，大数据的财务运算技术主要以云计算为依托，通过复式记账的方法来对财务进行处理，现阶段企业的财务数据信息主要建立在云服务器的数据库上。

一、大数据的定义

大数据是随着互联网技术的发展而出现的新名词，它是指数据的规模巨大且利用现行的软件无法在一定的时间内完成数据抓取、处理、分析和转化的有用数据集合。大数据是一个较为广泛的概念，它的应用范围也较为广阔，如互联网大数据等，对于企业的发展具有推动的作用。当前大数据主要涵盖两种或两种以上的数据形式，企业在使用大数据进行数据分析的同时，能够从中寻找到自己想要的信息或内容，一些企业还能够通过大数据对用户的行为习惯和特点进行分析，并将分析的报告作为企业下一阶段产品设计、生产以及广告投放的基础。例如，通过大数据可以调查用户对某一产品的兴趣度，可以分析用户的年龄、性别以及喜好等，可作为市场调查的有力依据。大数据能够高效率、低成本的收集不同容量和频率的信息，因而具有成本优势。

二、大数据对会计核算的影响分析

大数据对企业的很多方面都产生了非常深刻的影响，在会计核算方面也不例外。因此，从这个角度来说，分析大数据对会计核算的影响具有十分重要的意义。

（一）影响了会计核算数据的真实性

在实际的会计核算过程中要求核算的数据必须是真实的，大数据本身包含的数据具有类型丰富、种类多样的特征，另外大数据的来源也是异常多的，其中所包含的数据必定存在不真实性，这就需要会计核算人员能够对大数据的真实性进行检验后再将其应用于实际的会计核算过程中。随着大数据在人们生活中的广泛应用，很多行业对大数据的应用更多看重的是它的实效性，即能够给这个行业的发展带来什么实际的效用和价值，在会计核算中也是如此，越来越重视其实效性。通过对数据实效性的关注，会计核算人员能够对收集到的数据信息进行相应的预测，同时通过分析信息对企业未来的发展方向做出相应的预测。但这样就对数据的真实性关注得少了，当前会计核算工作就是在这样的矛盾中进行的。另外，在传统模式中会计核算人员分析更多的是结构性数据，而不会过多关注非结构数据。但是在大数据环境下，会计核算人员开始越来越多地关注非结构化的数据，这对会计核算人员的工作模式是有非常大的影响的。在现在的工作模式下，会计核算人员需要融合两种类型的数据，这对于提升会计核算人员的信息处理水平是非常有帮助的。

（二）有利于企业的风险评估

大数据技术的应用能够使企业关注自身在市场竞争中的地位和形象，了解自身的发展概况，从而能够深入到企业的发展规划中对企业将面对的风险进行评估，使企业能够在信息全球化的形势下立足。风险评估是企业根据自身的发展经历和发展现状考察外部的市场环境和趋势，对未来的发展态势和前景进行评估，而这些数据主要是通过大数据来获取的。

（三）提高了财务信息的整理和传送效率

企业会计工作应准确和及时地完成，在企业的业务活动结束以后，会计人员需要对财务信息进行整合与传送，使这些信息能够很好地传送到指定的位置。企业在大数据的影响下能够及时地了解相关数据内容，并确保了数据的时效性，提高了财务信息的整理效率，让财务信息更加清晰有序。

（四）使企业会计信息对外更易理解

由于工作的原因，企业的会计信息有时需要对外进行披露，传统的会计信息，非专业的人士较难看懂。而经过大数据计算分析以后的会计核算信息，用户能够快速浏览并掌握其中的重点和精华，也可以快速地找到自己想要了解的信息和内容，这使得会计信息的内容更容易被人所理解。

（五）加深了市场化程度

会计核算工作在以往的发展中，由于其形式是静态的，所以很难满足日益变化的互联网市场竞争需要。大数据技术的应用使得会计核算工作以及效果呈现可以转移到手机终端或电脑终端，用户能够观测动态的内容，并能够随时对其中的内容进行查阅和浏览，这加深了会计核算工作的市场化程度。

（六）加速了企业的资金周转

大数据技术的应用依托于互联网技术，而互联网技术的第三方支付平台让资金的流动速度加快。当前企业的资金实际流动状况，可以通过大数据的报告体现出来，企业的财务报告可以将分析的数据结果展现在投资方面前。依托于互联网的多种技术，企业资金的运转更快了。

综上所述，大数据的发展和应用给会计核算工作带来的影响是有利有弊的。在实际的会计核算工作中，大数据的应用应在满足用户服务的基础上实现。企业通过大数据的应用能够为企业自身的发展服务，帮助企业在激烈的市场竞争中找到立足之地，顺应时代发展的潮流。会计核算对数据的精准度以及真实性要求高，大数据在这一方面的数据分析具有一定的模糊性，使其不能完全取代传统的会计核算模式，但是其自身的优势可以为会计核算工作所用，如财务数据信息的整理与传送等，能够帮助会计工作者提升工作的效率。会计人员能够与时俱进，不断提升自身的能力素质和水平，学会利用计算机技术来开展会计核算工作，为企业创造更多的经济价值。

第四章 财务会计信息系统维护

第一节 财务会计信息系统维护概述

所谓财务会计信息系统维护，主要是指对财务会计信息系统软件和硬件系统的修正改造工作。通过系统维护，改正系统存在的错误或不足，完善系统的功能，使系统适应新的环境，保证系统正常运行。

系统维护是软件生命周期的最后阶段，也是延续时间最长，费用投入最多的阶段。系统维护是指为了保证系统正常工作，适应系统内、外部环境和其他相关因素的变化而采取的有关活动。系统维护的内容主要有系统软件维护、数据维护、代码维护、设备维护等。

一、系统维护的目的

财务会计信息系统维护的目的包括以下几个方面。

（一）维持系统的正常运行

财务会计信息系统正常运行工作包括数据收集、整理、录入，机器运行的操作工作，处理结果的整理和分发，系统的管理和有关硬件维护，机房管理，空调设备管理和用户服务等。

（二）记录系统运行状况

记录系统运行状况是科学管理的基础，包括及时、准确、完整地记录系统的运行状况、处理效率和意外情况的发生及处理等。记录系统运行情况是进行系统评价的基础。

（三）有计划、有组织地对系统做必要修改

系统修改的原因是多方面的，主要包括管理方式、方法及策略的改变，上级的命令、要求，系统运行中出错的情况，用户提出的改进要求，先进技术的出现等。对系统的任何修改都必须非常小心谨慎，有计划、有步骤地执行。

（四）定期或不定期地对系统运行情况进行回顾与评价

定期或不定期地对系统运行情况进行回顾与评价，以确定系统发展和改进的方向，完善系统功能，使其适应新环境，得以正常运行。

二、系统维护的重要性

（一）系统维护工作是一项极其重要的工作

财务会计信息系统是一个比较复杂的系统，当系统内、外部环境发生变化时，系统要能适应各种因素的影响；当用户在使用过程中遇到一些以前没有发生过的问题，或者运行期间不断出现的新要求时，系统要能通过二次开发予以解决。

（二）系统维护工作也是一项经常性的工作

在财务会计信息系统工作中系统维护的工作量所占比重很大，与此相对应的是，系统维护的费用也很高。财务会计信息系统的应用对象总是处于动态的变化之中，无论财务会计信息系统设计得如何周密、完善，在实施和运行期间都必然会产生偏差。因此，财务会计信息系统维护工作伴随着财务会计信息系统的诞生而产生、

发展，直至生命期的终结。具体地说，财务会计信息系统需要进行维护的原因主要包括以下几个方面。

第一，会计制度、法规的变更。

第二，企业管理方式、方法的改变。

第三，会计处理过程或程序的变化。

第四，用户需求的不断增加。

第五，计算机软、硬件系统的更新换代。

第六，原系统设计的某些不完善或错误。

三、系统维护的分类

财务会计信息系统的维护包括软件维护、硬件维护和使用维护等。

（一）软件维护

1.依据软件维护目的不同进行分类

（1）纠错性维护。即排除软件在运行中显露出的错误。

（2）适应性维护。即为适应外界环境变化而进行的修改。

（3）完善性维护。即为扩充功能或完善性能而进行的修改，如增加打印新的分析报表功能，改进数据组织或处理方法，缩短某个处理的等待时间等。

2.依据软件维护的对象不同进行分类

（1）应用软件的维护。若处理的业务、数据或信息量等发生变化，则会引起应用软件的变化。应用软件的维护是系统维护最重要的内容。

（2）数据文件的维护。系统的业务处理对数据的需求是不断变化的，数据文件也要适应变化的情况，进行适当的修改，增加新内容或新文件。

（二）硬件维护

硬件维护指对计算机主机及其外部设备的保养，发生故障时的修复和为适应会计电算化软件的运行而进行的硬件调整等。

（三）使用维护

财务会计信息系统的使用维护包括初始化维护、系统环境维护、意外事故维护、计算机病毒的防治等。

第二节 财务会计信息系统的操作权限维护

财务会计信息系统加工、存储的是企业的重要经济数据，对这些数据的任何非法泄露、修改或删除，都可能给企业带来无法估量或无可挽回的损失，因此无论是对会计电算化还是对企业而言，安全保密性都是至关重要的。

财务会计信息系统的安全保密工作，通常包括对操作人员使用系统功能的权限设置，以及对操作目标的权限设置两大部分。

一、操作人员的权限设置

出于系统安全和数据保密的需要，不同工作内容、岗位和职位的财务会计信息系统操作人员的权力范围也不同。例如，凭证录入人员有权输入、修改凭证，但无权审核凭证，无权修改会计核算的方法，无权变更其他操作人员的名称、权限；部门经理有权查询有关账表，却无权更改凭证和账表。操作人员权限的设置方案必须认真设计，要从功能处理权和数据存储权两个角度来设计权限的设置方案，还要将计算机操作系统的安全机制与财务会计信息系统的操作权限结合起来考虑，否则会给系统运行带来隐患。

操作权限设置的作用，一是明确财务会计信息系统操作人员的注册姓名、代码及口令；二是明确特定的注册代码、口令的权限。任何想进入财务会计信息系统的用户，必须输入注册姓名、对应代码及口令，只有在三者的键入完全正确时，用户才能进入财务会计信息系统，否则将被系统拒绝。进入财务会计信息系统后，用户也只能执行授权（权限）范围内的相关功能，如财务会计信息系统中的各种账、表进行的凭证输入、记账、编制会计报表等相应操作。

二、操作目标的权限设置

操作人员的操作目标是系统中的文件，具体对应财务会计信息系统，就是系统记录和表达经济业务数据的各个文件。操作目标的权限设置就是指通过对不同类型的文件或目录设置适当的属性，约束或限制删除、改名、查看、写入及共享等操作，以达到保密、安全的目的。对于某个特定的操作目标，一般可进行以下几种权限设置：管理员权限、只读文件权限、写文件权限、建立新文件权限、删除文件权限、修改文件权限、查找权限和修改文件属性权限等。根据用户代码、口令级别的不同，可将以上权限全部或部分授予用户。

文件的属性有多种，且有些还可对网络用户发生作用。在常用的计算机操作系统中，用于保密安全的有以下属性。

（一）只读属性

如果文件具有这种属性，则只能读取该文件，但不能修改和删除该文件的内容。因此与该属性相对的是读写属性，具有读写属性的文件可以被用户读取、写入、改名及删除。

（二）隐含属性

如果文件具有这种属性，则文件在对文件名列表时不显示出来，因此不知道该文件名字的用户，就不能感知该文件的存在。

（三）系统属性

如果文件具有系统属性，即为系统文件，则其不在列表清单中显示出来。这样，可防止文件被删除或被拷贝。

以上各类权限既可单独使用，也可配合使用，在实际工作中，通常是配合使用。配合使用时需注意的是，文件属性保密性优先于用户等效权限。以只读属性为例，如果文件是只读文件，则不论用户等效权限如何，用户对该文件只能读，不能写、换名和删除。

在网络化的财务会计信息系统应用中，以上诸属性尚达不到系统安全的目的，应当使用一些安全级别更高的操作系统。

第三节 财务会计信息系统运行维护

财务会计信息系统运行维护，主要是指为保证系统正常运行而对系统运行环境进行的一系列常规工作或措施，包括外界的物理环境及系统内部环境。

一、系统运行环境维护

财务会计信息系统要想可靠运行，必须要有良好的外界环境。由于人们往往对不良环境可能对计算机系统造成的危害认识不足，当计算机发生物理损坏、程序出错、数据丢失、输出结果异常时，这就需要从计算机运行的外界环境方面找原因。

（一）外界环境的影响因素

计算机所处外界环境主要受到供电电源、温度、静电、尘埃四大因素的影响。

1.供电电源

计算机对供电质量和供电连续性要求很高，它要求连续的、稳定的、无干扰的供电，俗称"清洁"电源，若直接使用普通的工业供电系统给计算机系统供电，则存在以下三个主要问题。

（1）供电线路环境噪声。输电网的电力调节、电力设备的启停、闪电、暴雨等均可产生电噪声干扰和瞬变干扰。据统计，这类干扰占典型不良供电环境影响的90%，而计算机50%的错误是由这类干扰引起的，受到这类干扰的计算机轻则程序出错、数据丢失，重则芯片损坏。

（2）电压波动。电压波动既可以是瞬间波动，也可以是较长时间的过压或欠压供电，如照明灯的忽明忽暗，就是电压波动的表现。无论是瞬间波动或过压、欠压供电，都会对计算机产生冲击电压或浪涌电压，使计算机出错或损坏。

（3）停电。停电既可以是供电停止，也可以是瞬间断电。所谓瞬间断电是指从宏观上看，供电并未停止，只是在某一瞬间，即在几个毫秒内断了电，然后又马上恢复了。对于瞬间断电，人们往往不熟悉，也不易察觉，计算机对此却十分敏感。无论是突然停止供电还是瞬间断电，都会产生严重的后果，甚至有可能损坏或损伤硬盘。

2.温度

不良的环境温度会严重损害计算机的存储器和逻辑电路，加速电子元件的老化。因此，一般计算机禁止在低于5℃或高于35℃的温度下使用或存放。经验表明，温度过高就会大大增加存储器丢失数据和使计算机发生逻辑错误的机会。过低或过高的温度还可能会使硬盘"划盘"，使硬盘遭受损坏。

3.静电

积累在物体上的静电荷，会对计算机造成严重破坏。人们在地毯上行走可产生高于1.2万伏的静电，在正常温度范围内，即使是在乙烯地板上走动也可产生4000伏静电。已得到证实的是，仅仅40伏的静电就可使计算机产生错误。静电与湿度有密切的关系，如果室内相对湿度低于40%，静电的危险性就大大增加；如果湿度高于60%，又会增加凝聚的危险性，引起电接触不良，甚至腐蚀或引起电子器件短路。

4.尘埃

灰尘不仅是软盘和磁头的大敌，也是其他计算机设备的大敌。

（二）外界环境的改善与维护

为改善、维护财务会计信息系统的外界环境，一般应建设财务专用机房并安装空调，保持室内清洁和适当的湿度，有条件的还应装防静电地板。对于供电电源，必须做到以下几点。

第一，采用专用干线供电，线路上不安装其他大型用电设备。

第二，计算机应接入同一供电线路或电源，并统一接地，以减少电源相位差所产生的噪声。

第三，各台计算机与终端应装上分开关，以减少使用统一开关所产生的浪涌电压。

第四，在电源后面安装具有滤波和隔离功能的电源稳压器，以抑制瞬变干扰、冲击电压、浪涌电压的危害，使电压得到稳定。

第五，在稳压电源后面接入不间断电源，以保证突然断电时有充足时间采取必要的防护措施。

二、系统内部环境维护

所谓系统内部环境是指财务会计信息系统运行的软、硬件环境，如果软、硬件环境不能满足要求或不匹配，系统也不能正常运行。

（一）硬件环境维护

对企业而言，硬件维护的主要工作是在系统运行过程中出现硬件故障时，及时进行故障分析，并做好检查记录，由系统管理员与维护人员共同研究确定设备是否需要更新、扩充、修复，如果需要则应由维护人员安装和调试。系统硬件的一些简单的日常维护工作通常由软件维护人员兼任。以下是企业中较常见的硬件日常维护工作。

1.硬盘、内存的有关维护

会计电算化软件正常安装、运行需要较多的存储空间，即需要足够大的硬盘空间。在将会计电算化软件安装到硬盘上之前，一方面要检查并清除硬盘上的病毒，删除硬盘上不需要的文件、目录（或文件夹），重整硬盘文件；另一方面，在会计电算化软件日常运行时，可以通过删除硬盘上保存的已备份过的以前年份的数据来缓解硬盘空间的不足，也可以通过关闭一些任务的窗口来释放内存空间。在常用的计算机操作系统中，要定期对其注册表进行维护，以提高系统的工作效率。

2.打印机、显示器的有关维护

财务会计信息系统运行中，经常需要对记账凭证、日记账、报表等进行查询和打印。查询结果需要通过显示器和打印机输出。每一种类型的显示器和打印机都有各自的驱动方式。目前，计算机的外部设备大多具备即插即用和热插拔的功能，但对于一些较陈旧的设备，或是比财务会计信息系统所用操作系统版本更新的设备，系统就不能自动地正确识别。因此，会计电算化软件要正常运行，必须选择与之相适配的显示、打印驱动程序。

（二）软件环境维护

财务会计信息系统投入运行后，可能需要对系统的功能进行一些改进，这就是软件维护工作。软件维护与数据维护是系统生命周期的最后一个阶段，工作量最大，时间也最长。对于使用商品化会计核算软件的企业，软件维护主要由财务会计软件公司负责，企业只负责操作与数据维护。财务会计信息系统数据维护的目的是使系统的数据映像能够准确地反映企业资金的历史状态、运行状态与现时状态。对于自行开发会计核算软件的企业，需设置专职系统维护员，负责系统的软、硬件维护工作。软件维护主要包括以下内容。

第一，正确性维护旨在诊断和改正使用过程中发现的程序错误。

第二，适应性维护是配合计算机科学技术的发展和会计准则的变更而进行的修改设置活动，如会计软件的版本升级、会计年度初始化、月初始化工作等。

第三，完善性维护是为满足用户提出的增加新功能或改进现有功能的要求，对软件进行的修改。相当多的企业，受财力、人力所限，最初只在会计核算方面实现了电算化，使用一段时间后，其往往希望将会计电算化范围扩展至会计计划、会计分析、会计决策等方面，这时就必须对原会计电算化软件进行修改和完善。

第四，预防性维护是为给未来的改进奠定更好的基础而修改软件。

决定软件可维护性的主要因素是软件的可理解性、可测试性和可修改性，因为在系统维护前只有理解需维护的对象才能对之进行修改；在修改后，只有进行了充分测试，才能确保修改得正确。因此，在系统开发、维护过程中，要保留完整、详细的文档资料。对于商品化的财务会计软件来说，其应用系统的操作功能维护比较困难，一般应由软件生产商来进行。如果对现有系统的维护费用已超出或接近重新开发一个新系统时，就应报废现有系统，重新开发一个新系统。

第四节 计算机系统与网络安全维护

影响计算机系统与网络安全的因素很多，有的来自系统内部，有的来自系统外部，本节主要讨论来自外部的影响因素。来自系统外部的安全隐患，主要有计算机病毒和黑客的攻击。

一、计算机病毒的防治

所谓计算机病毒是指编制或者在计算机程序中插入的破坏计算机功能或者毁坏数据，影响计算机使用，并能自我复制的一组指令或者程序代码。

〈一〉计算机病毒的特点

1.计算机病毒是一个指令序列

计算机病毒是程序，但不是一个完整的程序，而是寄生在其他可执行的目标程序上的指令序列。

2.计算机病毒具有传染性

计算机病毒能够主动地将其自身的复制品或变种传染到其他对象上，这些对象可以是一个程序，也可以是系统中的某些部位，如财务会计信息系统的引导记录等。

3.计算机病毒具有欺骗性

计算机病毒寄生在其他对象上，当加载被感染的对象时，病毒即侵入系统。计算机病毒是在非授权的情况下利用其欺骗性而被加载的，此即"特洛伊木马"特征。

4.计算机病毒具有危害性

计算机病毒的危害性又称破坏性，包括破坏系统，删除、修改或泄露数据，占用系统资源，干扰系统正常运行等。此外，计算机病毒一般都比较精巧、隐蔽和顽固。计算机病毒侵入财务会计信息系统后一般并不立即发作，而是经过一段时间，满足一定条件后才发生作用，这就为其自我繁殖和破坏争取了时间。

（二）计算机病毒的判别

目前，理论上并不存在一种能自动判别系统是否感染病毒的方法，以下是一些计算机病毒发作时的常见现象：操作系统无法正常启动，数据丢失；能正常运行的软件发生内存不足的错误；通信和打印发生异常；无意中要求对可移动存储器进行读写操作；系统文件的时间、日期、大小发生变化，文件目录发生混乱；系统文件或部分文档丢失或被破坏；部分文档自动加密码；磁盘空间迅速减小，运行速度明显变慢；网络驱动器卷或共享目录无法调用；屏幕出现一些不相干的信息；自动发送电子函件；使主板基本输入输出系统程序混乱，主板被破坏；出现陌生人发来的电子函件；网络瘫痪，无法提供正常的服务。

（三）计算机病毒的防治措施

为了加强对计算机病毒的预防和治理，保护计算机信息系统安全，保障计算机的正常应用与发展，根据《中华人民共和国计算机信息系统安全保护条例》的规定，公安部制定了《计算机病毒防治管理办法》。在《计算机病毒防治管理办法》中指出："计算机信息系统的使用单位在计算机病毒防治工作中应当履行下列职责：建立本单位的计算机病毒防治管理制度；采取计算机病毒安全技术防治措施；对本单位计算机信息系统使用人员进行计算机病毒防治教育和培训；及时检测、清除计算机信息系统中的计算机病毒，并备有检测、清除的记录；使用具有计算机信息系统安全专用产品销售许可证的计算机病毒防治产品；对因计算机病毒引起的计算机信息系统瘫痪、程序和数据严重破坏等重大事故及时向公安机关报告，并保护现场。"

《计算机病毒防治管理办法》还指出："任何单位和个人在从计算机信息网络上下载程序、数据或者购置、维修、借入计算机设备时，应当进行计算机病毒检测。任何单位和个人销售、附赠的计算机病毒防治产品，应当具有计算机信息系统安全专用产品销售许可证，并贴有'销售许可'标记。从事计算机设备或者媒体生产、销售、出租、维修行业的单位和个人，应当对计算机设备或者媒体进行计算机病毒检测、清除工作，并备有检测、清除的记录。"

计算机病毒对财务会计信息安全提出了巨大的挑战，特别是近年来，计算机病毒采用的技术越来越高明，并朝着更好地对抗反病毒软件，更好地隐蔽自身的方向发展。计算机病毒采用的技术有对抗特征码技术、对抗覆盖法技术、对抗驻留式软件技术、对抗常规查毒技术和其他技术。为了对抗这些日益发展的病毒，反病毒软件也必须采用新的技术。目前较为实用的有虚拟机技术、指纹识别技术、驱动程序技术、计算机监控技术、数字免疫系统、网络病毒防御技术和立体防毒技术等。

对于计算机病毒的防范，一是要在思想上重视、管理上到位，二是依靠防杀计算机病毒软件。必须通过建立合理的计算机病毒防范体系和制度，及时发现计算机病毒侵入，并采取有效手段阻止计算机病毒的传播和破坏，恢复受影响的计算机系统和数据。从加强系统管理入手，制定出切实可行的管理措施：安装病毒检测软件，对计算机系统做实时监控和例行检查；控制可移动存储器的流动，慎用不知底细的软件；用户的权限和文件的读写属性要加以控制；尽量不要直接在服务器上运行各类应用程序；服务器必须在物理上绝对安全，不能让任何非法用户接触到该服务器；在互联网接入口处安装防火墙式防杀计算机病毒产品；安装数据保护设备，如硬盘保护卡和加密控制器，保证系统软件和重要数据不被未经授权地修改；在外网单独设立一台服务器，安装服务器版的网络防杀计算机病毒软件，并对整个网络进行实时监控；建立严格的规章制度和操作规范，定期检查各防范点的工作状态。

对于当前的病毒威胁而言，最好是采用主动病毒防护系统，为网络提供始终处于活动状态、可以实时升级的防病毒软件。当新的病毒出现时，该系统会立即对防病毒软件自动进行升级。

二、计算机网络安全维护

随着计算机互联网的发展，会计软件的运行环境也从单机系统发展到局域网和互联网。但无论是企业单位或政府部门，只要将计算机系统接入互联网，就会感受到来自网络安全方面的威胁，就有可能遭受来自网络另一端的人为的恶意攻击。这些来自外部的攻击有可能使正常运行的系统遭受破坏；有可能窃取企业单位的机密数据；有可能仅仅是某些高手们的恶作剧。据统计，平均每数秒就会有一个网站遭到入侵。

系统防范与非法入侵是一对不断斗争的矛盾双方，目前还没有哪一个系统能够十分有把握地宣称可杜绝入侵，电子商务和大型网站被攻击而引起的安全热潮，把信息安全推向了计算机应用的前沿。

为了财务会计信息系统的安全，并且使其能在电子商务活动中支持正常的经济业务和贸易，必须给企业网络系统构筑安全防线。为保证系统安全，需要在网络系统安装适当的防火墙产品。

财务会计信息系统的管理员应该在安全检测、网络安全监控、链路加密、网页恢复等方面进行系统维护工作。具体的工作可以在事故发生的事前、事中和事后三个阶段进行控制。

事前阶段可使用网络安全漏洞扫描技术，对网络进行预防性检查，及时发现问题，可以模拟黑客的进攻，对受检系统进行安全漏洞和隐患检测；事中阶段的目标是尽可能早发现事故苗头，及时中止事态的发展，将事故的损失降低到最小；事后阶段要研究事故的起因，评估损失，追查责任，进行多层次、多方位、多手段的电子数据取证，以追查事故源头。

随着互联网的发展和应用的深入，黑客入侵事件变得越来越频繁，仅仅依靠传统的操作系统加固、防火墙隔离等静态安全防御技术已经远远无法满足现有网络安全的需要了。入侵检测系统是近年来发展起来的动态安全防范技术，其通过对计算机网络或系统中的若干关键信息的收集与分析，从中发现是否有违反安全策略的行为和被攻击的迹象。这是一种集检测、记录、报警、响应于一体的动态安全技术，不仅能检测来自外部的入侵行为，同时也可监督内部用户的未授权活动。

第五节 财务会计信息系统的二次开发

　　根据不断变化着的市场及企业内部管理的需求，企业亟须得到各种各样的、大量的、全方位的信息，特别是有关经济业务的信息，以便对这些信息进行分析，为管理决策服务。财务会计信息系统在其开发时，虽然考虑到使系统尽量满足用户的需求，但针对用户的特殊要求，以及企业内部与外部的条件和环境的变化，往往需要对会计电算化软件进行二次开发。

　　若企业的财务会计软件是通过自行开发或委托开发人员为本单位定制的系统，一般对其进行的二次开发最好由系统的原班开发人员来完成。但是在这种情况下，往往不易区分软件的维护工作与二次开发工作的界限。

　　对于商品化会计核算软件而言，为了方便用户的使用，提高会计核算软件的生命力，商品化会计核算软件在其推出之时，就十分重视最终用户对该产品二次开发的需求，并为此提供了若干二次开发的接口。由于商品化财务会计软件往往只提供可执行的二进制代码，因此对其数据处理部分进行二次开发比较困难。为了使软件的功能满足不断发展和变化着的管理工作的需要，可以采取对软件产品的版本进行升级的方法来达到二次开发的目的。商品化会计核算软件主要提供了数据输入与数据输出两个方面的二次开发接口。

一、数据输入的二次开发

　　为了严格地执行会计核算制度，商品化会计核算软件的数据输入设计对操作的控制十分严格，其软件产品提供的输入界面与数据（记账凭证）输入的内部程序控制关系一般不允许用户自行修改。在商品化会计核算软件中，为了接收系统外部数据的输入，如接收来自材料核算子系统、固定资产核算子系统、成本核算子系统、工资核算子系统、产品及销售子系统转入的机制凭证，以及数据的远程录入，软件产品中一般是提供一种标准数据结构的缓冲区来存放这些外来数据。对于以上这些从外部输入的数据，首先将其一律预先存储在这个标准数据结构缓冲区中，然后经过该系统原设计的数据输入通道，最后将缓冲区中的数据向账务处理系统导入。商品化会计核算软件就是应用这种标准结构方式，接收会计核算数据的脱机输入、支持记账凭证数据的多点采集、接收财务会计信息系统中各功能核算子系统中产生并传送过来的机制记账凭证。

对于为满足系统的需要，经二次开发形成新功能的子系统或子模块而言，其数据向会计核算账务处理系统的导入，也可利用缓冲区。

二、数据输出的二次开发

财务会计信息系统全面、完整地记录了会计核算数据，而如何用好这些数据，提高信息的利用率，是财务会计信息系统不断追求的目标。商品化会计核算软件为了方便用户，预先提供了一些样表，如资产负债表、损益表、现金流量表，以满足对标准会计报表的编制与输出。出于数据输出二次开发的需要，还要求许多不同格式的输出表格形式，以直接对会计核算系统中的数据进行分析。对于各种不同的数据需求方式，可以通过会计核算软件的自定义报表功能、数据导出功能、系统数据的直接访问等方式来得到财务会计信息系统二次开发所需要的数据。

（一）自定义报表

商品化会计核算软件一般都提供用户自定义报表的功能，其形式类似于电子表格。为了满足进行特殊的数据分析与输出需要，用户可以通过对报表格式、报表项目、取数公式进行定义，自行设计新的报表格式。商品化财务会计软件系统也相应地提供一系列针对会计核算与分析应用的标准函数或子程序，以便于用户在构建取数公式时调用。

（二）数据导出

通常各种计算机应用程序都会提供数据导出功能，此功能一般可以在该软件主菜单"文件"项目中的"另存为"中实现。在商品化会计核算软件中一般也提供数据导出功能。在常用的计算机操作系统环境下运行时，财务会计软件产品一般都采用开放式数据库互联数据协议提供数据导出功能，这样可以方便地将会计系统中的内部数据格式导出，并转换为电子表格、纯文本文件等数据格式。数据导出方式，一方面具有操作简便、有效，输出的各种数据格式符合标准等优点。另一方面也存在以下不足：使用数据导出时，首先要求用户开启商品化会计核算软件并进行交互式操作，人工进行干预；其次，在数据导出时，操作人员指定并键入的数据输出文件名要符合要求，否则会影响后续数据处理软件的正常运行；最后，数据导出方式不利于通过程序控制、自动执行来完成财务会计信息系统二次开发所要求的数据处理功能。

（三）直接数据访问

只要知道系统数据的存储格式，就可以直接对商品化会计核算软件系统中的数据库直接进行访问和提取数据。为了保证会计系统数据的完整性，采用对数据直接访问的手段应严格避免对原系统数据的修改、删除等操作，仅保留数据操作的读取权。

为了使会计人员不仅会使用会计软件，而且会对会计软件进行维护，会综合利用会计核算软件系统的已有数据进行财务分析，会在财务会计软件的基础上进行二次开发。许多商品化会计核算软件产品在会计软件的产品技术手册中，对最终用户公布会计核算软件的数据处理流程、主要功能程序的模块结构、数据存储结构等技术资料，以便于最终用户对财务会计信息系统进行更高水平的应用。

第五章 财务会计信息系统的内部控制与审计

目前，财务会计信息系统在会计工作中的运用越来越广泛，会计电算化不仅显著提高了会计核算效率和准确率，而且打破了制约企业财务管理的瓶颈。但是，财务会计信息化标准和业务规范仍然有很多不完善之处，还存在会计监管工作滞后及审计效率低等问题。本章主要探讨财务会计信息系统在内部控制和内部审计方面的措施，以期为财务会计工作提供一些借鉴和参考。

第一节 财务会计信息系统内部控制概述

内部控制指一个由企业的董事会、管理层和其他人员实施的，旨在为实现经营的有效性和效率、财务报告的可靠性以及符合适用的法律和法规等目标提供合理保证的过程。财务会计信息系统的内部控制包括一般控制和应用控制两方面。

一、内部控制的目标和基本原则

（一）内部控制的目标

1.防范资产损失

对企业主要资产，如货币资金、应收账款、材料物品、固定资产、长期投资等的存取予以授权；为企业资产分别设立各自账户予以记录；通过对账核实，对各种资产的现状及使用变动情况予以监控。

2.确保业务记录的有效性、完整性、正确性

不允许没有真正发生的虚构经济业务登记入账，而要求已授权且已发生的所有经济业务，在合适的时候以适当的金额登记到适当的账户，即被正确地确认、计量。

3.确保会计信息的输出符合相关的处理规则

保证财务会计信息系统按公认会计原则，完整、及时地报告会计信息，如编制资产负债表、损益表、现金流量表等。同时，还要对各种会计档案、会计信息建立必要的使用与防护控制，如配置专人负责会计档案的保管、分发和回收。建立会计档案使用授权、登记制度，以确保信息传播的有效性和会计档案的安全性。

4.为审计提供足够的线索

在设计和开发电算化财务会计信息系统时，必须注意审计的要求，使系统在数据处理时留下新的审计线索，以便审计人员在电算化环境下也能跟踪审计线索，顺利完成审计任务。

（二）内部控制的基本原则

1.合法性原则

内部控制应当符合法律、行政法规的规定和有关政府监管部门的监管要求。

2.全面性原则

内部控制在层次上应当涵盖企业董事会、管理层和全体员工，在对象上应当覆盖企业各项业务和管理活动，在流程上应当渗透到决策、执行、监督、反馈等各个环节，避免内部控制出现空白和漏洞。

3.重要性原则

内部控制应当在兼顾全面的基础上突出重点，针对重要业务与事项、高风险领域与环节采取更为严格的控制措施，确保不存在重大缺陷。

4.有效性原则

内部控制应当能够为内部控制目标的实现提供合理保证。企业全体员工应当自觉维护内部控制的有效执行。内部控制建立和实施过程中存在的问题应当能够得到

及时纠正和处理。

5.制衡性原则

企业的机构、岗位设置和权责分配应当科学合理并符合内部控制的基本要求，确保不同部门、岗位之间权责分明，有利于其相互制约、相互监督。履行内部控制监督检查职责的部门应当具有良好的独立性。任何人不得拥有凌驾于内部控制之上的特殊权力。

6.适应性原则

内部控制应当合理体现企业经营规模业务范围、业务特点、风险状况以及所处具体环境等方面的要求，并随着企业外部环境的变化、经营业务的调整、管理要求的提高等不断改进和完善。

7.成本效益原则

内部控制应当在保证内部控制有效性的前提下，合理权衡成本与效益的关系，争取以合理的成本实现更为有效的控制。

二、信息化环境下企业内部控制面临的挑战

信息化提高了企业内部控制的效率，同时也改变了企业内部控制的运行环境、控制范围、控制重点和控制方式。这对于原本就在内部控制制度方面不甚健全的中小企业来说，增加了其内部控制的难度与复杂性，并带来了新挑战。

（一）数据安全性遭遇严峻挑战

在手工会计系统中，原始凭证以纸张作为载体，有签章并留有文字记录，数据一旦被修改就会留下痕迹和线索。企业实施信息化后，企业内部控制的环境发生了变化，内部控制的重点也由对人的控制转变为对人、计算机、网络等信息设备和环境的控制。

（二）身份识别与权限控制难度增加

在手工会计系统中，一项经济业务从发生到形成相对应的会计信息，所经历的

每个环节都要求具有相应管理权限的人员签字或盖章，有效地防止了伪造、篡改会计数据等作弊行为。会计实现信息化后，使原来人与人间的联系部分转为人与计算机系统间的联系，身份识别与权限控制难度大大增加。

（三）内部控制的复杂性凸显

在手工会计环境下，通常会设置相互牵制的会计岗位，整个会计工作必须按一定的程序完成，并通过会计业务的相互稽核进行控制。例如，前面出现的错误往往可以经过后续工作的审查与复核得以发现并修正。信息化后，大部分会计处理工作都由计算机自动完成，这种数据处理的集中性使得传统的组织控制功能减弱。

（四）复合型人才普遍缺乏

在传统环境下，会计人员只要懂会计知识，一般就能适应工作。而信息化后，对企业会计人员提出了更高的要求，会计人员不仅要精通会计专业知识，还要熟悉计算机和网络知识。

目前，中小企业的会计机构普遍比较简单，而且从整体上看，会计素质不高，计算机知识薄弱，尤其缺乏专业精、懂管理、掌握一定信息技术，具有灵活性、创造性的"复合型"人才，这在一定程度上成为信息化环境下实施内部控制的瓶颈。

第二节 一般控制

一般控制是指对电算化财务会计信息系统的组织、开发、应用环境等方面进行的控制。其目的是建立对财务会计信息系统活动整体控制的框架环境，并对达到内部控制的整体目标提供合理的依赖程序。一般控制主要包括组织和操作控制、硬件和软件控制、系统安全控制等。

一、组织和操作控制

（一）组织控制

企业的组织结构决定企业内部各部门、各岗位、各员工之间的职责关系，因此企业的组织结构是一种内在的控制。在设计企业的组织结构时要充分考虑和实现职责分离的控制目的，合理划分不同岗位或员工的职责，尤其是要分离不宜兼容的岗位职能。一般来说，一项完整的作业要由两个或两个以上的岗位或员工共同完成，以利于相互复核和牵制。

在合理的职责分工下，工作人员将难以舞弊，从而有效地减少差错或舞弊。不同处理方式的财务会计信息系统，其组织控制的形式和内容也不同。对财务会计信息系统而言，其组织控制主要表现为以下几个方面。

1.职能部门与业务部门职责分离

财务会计信息系统职能部门直接负责管理、操作、维护计算机和财务会计软件系统，即只负责数据的记录、处理，而避免参与业务活动。具体包括以下几点。

（1）所有业务活动均应由业务部门完成或授权。

（2）职能部门无权私自改动业务记录和有关文件。

（3）所有业务过程中发生的错误数据均由业务部门负责改正或授权改正。

（4）职能部门只允许改正数据在输入、加工和输出过程中产生的错误。

（5）所有现行系统的改进、新系统的应用及控制措施都应由受益部门发起并经高级管理员授权，未经有关部门批准，业务部门无权擅自修改现有应用程序。

（6）所有资产的保管均不由系统职能部门负责。

《会计电算化工作规范》要求将会计岗位分为基本会计岗位和会计电算化岗位。其中基本会计岗位负责经济业务的确认、计量与报告，会计电算化岗位直接负责管理、操作、维护计算机和会计软件系统。

2.财务会计信息系统部门内部的职责分离

一方面，在系统设计、开发与会计数据处理之间必须明确分工。系统设计开发只负责系统分析、设计、程序编码、调试、维护、数据库的设计与控制、编写用户手册等。数据处理只负责会计业务数据的处理和控制。系统开发与数据处理应由不同的人员承担。另一方面，为减少差错，防止舞弊，在数据准备、数据操作、文档管理等数据处理各环节之间也应进行一定的职责分离。

当然，内部控制的方法与措施的有效性有赖于人员的执行，有赖于执行情况及时和真实的反馈。因此组织控制还应对人员进行考核及奖惩，如制定晋升制度、岗位轮换制度，定期休假制度，内部督查、审计制度等。

（二）操作控制

所谓操作控制就是制定和执行标准操作规程，以保证财务会计信息系统运行的规范化、制度化和操作人员的合法化。操作控制的主要内容包括以下几个方面。

1.财务会计信息系统的使用管理

（1）应建立科学合理的机房管理制度，对设备的使用、程序的生效、文件的处置等制定出明确的规定，防止非指定人员进入机房操作财务会计信息系统，以保护设备、程序、数据的安全。

（2）制定数据文件的管理规则，包括数据文件的保留限期、存放地点、保管人员、使用控制等方面的内容。

（3）为提高数据的共享性、兼容性，还应建立软件使用制度，同时制定一些应对突发事故的补救措施。

2.操作管理

制定规范的操作制度和程序，以保证上机操作人员的合法性。明确规定上机操作人员对财务会计软件的操作内容和权限。操作权限控制是指每个岗位的人员只能按照所授予的权限对财务会计信息系统进行作业，不得超越权限接触系统。系统应制订适当的权限标准体系，使系统不被越权操作，从而保证系统的安全。操作权限控制常采用设置口令来实行。每次工作完毕应及时做好所需的数据备份工作。

3.运行记录制度

记录并保存财务会计信息系统操作和会计信息的使用情况，如记录操作人员、操作时间、操作内容、故障情况等。

二、硬件和软件控制

所谓硬件和软件控制是指为及时发现、查验、排除计算机故障，确保财务会计信息系统正常运行而采用的计算机软、硬件控制技术和有关措施。

常用的计算机硬件控制技术有冗余校验、奇偶校验、重复校验、回波校验、设备校验、有效性校验等，通常由设备生产厂家负责实施。

软件控制包括文件保护、安全保护机制和自我保护等内容。

（一）文件保护

文件保护主要通过设置、核对文件内部标签来防止未经授权的文件使用和修改。文件内部标签是以机器可读的形式存储于磁盘或磁带中，一般占据文件目录的若干字节，以提供文件名称、文件编号、建立日期、所有者、进入口令、识别密码、文件记录数和保留日期等信息。

（二）安全保护机制

安全保护机制主要通过设立各类工作人员的存取权限，自动建立系统使用的人员及操作记录等来防止未经授权的系统使用。例如，某公司的财务管理软件产品就分别在系统级、数据库级、功能级、数据级、数值级等五个级别设置了安全控制机制。

（三）自我保护

自我保护主要包括两个内容：一是系统开发和维护的控制与监督（如程序的编号、维护的授权，只有使用专门指令才能动用和修改现有应用程序等）；二是出错处置程序，当计算机在程序、设备或操作出现错误时，仍能继续正常运行，不死机。

三、系统安全控制

通常财务会计信息系统的安全从保密性、完整性、可用性三个方面予以衡量。

保密性是指防止财务会计信息非法泄露；完整性是指防止计算机程序和财务会计信息的非法修改或删除；可用性是指防止计算机资源和财务会计信息的非法独占，当用户需要使用计算机资源时要有资源可用。因此，系统安全控制应涉及计算机和财务会计信息两方面的安全控制。系统的可靠性、信息的安全性以及信息处理的正确性均有赖于强有力的系统安全控制。

（一）计算机的安全控制

1.建立计算机接触控制

应严格控制未经授权人员进入装有财务会计信息系统的计算机所在机房，保证仅有授权人员方可接触到系统的硬件、软件、应用程序及文档资料；严格执行已建立的岗位责任制和操作规程，实施有效的上机授权程序。

2.建立系统环境安全控制

要妥善选择财务会计信息系统的工作场地，配备必需的防护和预警装置或设备，同时还应预设必要的"灾难补救"措施，建立后备系统等。

（二）数据安全控制

数据安全控制的目标是要做到在任何情况下数据都不丢失、不损毁、不泄露、不被非法侵入。通常采用的控制包括接触控制、丢失数据的恢复与重建等，确保一旦发生数据非法修改、删除，可及时将数据还原到原有状态或最近状态。数据的备份是数据恢复与重建的基础，网络环境下利用两个服务器进行双机镜像映射备份是备份的优选。

（三）网络安全控制

网络安全性指标包括数据保密、访问控制、身份识别、不可否认和完整性。具体可采用的安全技术主要包括数据加密技术、访问控制技术、认证技术等。

第三节 应用控制

应用控制是对财务会计信息系统中具体的数据处理活动所进行的控制。其重点在于全部交易均已经过合法授权并被正确记录、分类处理和报告。应用控制常可分为输入控制、处理控制和输出控制。

一、输入控制

输入控制的目的一是确保完整、及时、正确地将经济业务信息转换成机器可读的形式并输入计算机，而不存在数据的遗漏、添加和篡改；二是及时发现与更正进入财务会计信息系统的各种异常数据，或者将其反馈至相关业务部门重新处理。

常用的输入控制方法包括：建立科目名称与代码对照文件，以防止会计科目在输入时产生错误；设计科目代码校验，以保证会计科目代码输入的正确性；设立对应关系参照文件，用来判断对应账户是否发生错误；试算平衡控制，对每笔分录和借贷方进行平衡校验，防止输入金额出错；顺序检查法，防止凭证编号重复；二次输入法，将数据先后或同时由两人分别输入，经对比后确定输入是否正确。

依据数据输入过程的逻辑性，输入控制应包括数据收集控制、数据分批和转换控制。

（一）数据收集控制

数据收集控制是指对经济业务原始交易数据的人工收集、分类、记录过程的控制。它主要包括建立和执行合理的凭证编制、审核、传递、保管程序；合理设计凭证，明确规定各栏次的内容，并预留空栏供交易授权和责任确认；业务的授权与合理分类等方面的内容。

（二）数据分批和转换控制

数据分批是指将一段时间内的业务数据汇集在一起，集中输入和处理。对于采用分批处理方式的财务会计信息系统而言，可以防止交易处理的遗漏，防止在信息处理过程中未经授权交易资料的插入，防止过账错误。有效的数据分批控制措施是控制总和，即计算并比较某一数据项在不同处理过程或部门产生的总和，若该数据项的各总和之间存在非零差异，则表示存在差错。例如，当某一批数据全部输入完毕后，若财务会计信息系统统计出记录项总数与数据收集组提供的记录项总数不一致，则表示出现输入差错，必须立即更正。控制总和除选用记录项总和外，还常选用总额控制数，即整批交易的数量金额栏的汇总数。控制总和不仅适用于数据输入控制，而且可以应用于数据处理和数据输出控制。

数据转换控制是指将计算机不能识别（不能读取）的数据转换为计算机能够识别（能够读取）的数据这一过程的控制。

二、处理控制

财务会计信息系统处理控制的目的在于确保已输入系统的全部数据均得到正确和完整的处理。常用的控制措施包括登账条件检验，防错、纠错控制，修改权限与修改痕迹控制等。处理控制主要涉及数据的有效性检验、数据处理的有效性校验及建立清晰的审计线索等方面的内容。

（一）数据的有效性校验

财务会计信息系统十分复杂，要求对各种类型业务文件进行正确的处理。使财务会计信息系统处理结果正确、完整的前提是所要求处理的数据是正确、完整的，即保证所处理数据对象具有有效性。数据的有效性校验分为数据正确性校验和数据完整性校验。

1.数据正确性校验

数据正确性校验，即要求处理的数据读取自适当的数据库，经适当的应用程序处理后又被存入适当的数据库。常用的方法包括校验文件标签,即人工检查文件外部标签,程序检查文件内部标签;设置校验业务编码,即对不同的业务进行编码,应用程序依据读出的业务编码,将不同的业务转入不同的程序进行相应处理。

2. 数据完整性校验

数据完整性校验,即确保要求处理的数据既没有遗漏,也没有重复,更没有未授权的插入、添加。最常用的方法就是利用顺序校验,即应用程序通过读取每一项业务或记录的主关键字,与前一项业务或记录的主关键字进行比较,以检查文件组织顺序是否正确。顺序校验不论是对数据输入控制还是数据处理控制都是必要的。

(二)数据处理的有效性校验

数据处理过程中产生的错误,一般是由于计算机硬件、系统软件、应用软件出现了问题。虽然现在计算机硬件设备的可靠性相当高,但在系统运行中仍有可能出现故障。设计完好的系统软件、应用软件,也可能因硬件故障或其他外界干扰而失效或被更改。因此,数据处理的有效性,一方面可通过定期检测财务会计信息系统各功能处理的时序关系和应用程序,及时发现并纠正错误来确保;另一方面可通过对数据进行逻辑校验来确保。

对于系统各功能处理的时序关系和应用程序的测试,常用重复处理控制的方法,即比较同一业务数据的前后两次处理结果,若两个结果不一致,则说明处理出错。例如,对于"应收账款"模块,可依据往来客户代码,将每批应收账款业务分别进行明细账处理和总账处理,分批处理结束后,若总账发生额与各明细账发生额的合计之间存在非零差异,则说明该模块存在问题。至于对数据的逻辑检验,既可采用前述的合理性检验和配比性检验,也可采用逆向运算、重复运算等方法检测数值计算的正确性。

(三)建立审计线索

处理控制的另一个重要目的在于产生必要的、清晰的审计线索,以便对已处理交易进行追溯和查验。必要的、清晰的审计线索不仅为审计总账或其他会计记录的变动提供证据,而且也为编制财务报表,查找与更正处理错误,发现交易数据的遗漏或未经授权的添加提供方便。审计线索的充分程度直接影响到应用控制的质量。

财务与会计信息系统审计线索的建立一般涉及输入或输出登记、程序的使用登记以及处理过程中所产生业务的登记等方面的内容,具体包括:已处理的经济业务清单;处理中使用过的参数表和数据清单;操作人员单独输入的数据清单;处理中使用过的应用程序名称、次数和时间;某些经济业务所需的选择性处理操作清单;计算机产生业务的详细清单。

三、输出控制

财务会计信息系统不仅要保证输出结果的完整与可靠,而且要保证各种输出信息能安全、及时地分发到适当的使用者手中。只有具有相应权限的人员才能执行输出操作,并要登记操作记录,从而达到限制接触输出信息的目的。打印输出的资料要进行登记,并按会计档案要求保管。

输出控制包括对财务会计信息系统输出结果的复核和对输出结果的限制性分发。输出结果的复核,包含来自信息输出部门和信息使用者两方面的复核。信息输出部门在输出结果分发之前,要对拟分发的输出结果的形式、内容进行复核,如业务处理记录簿与输入业务记录簿有关数字的核对,输入过程中控制总数与输出得到的控制总数的核对,正常业务报告与例外报告中有关数字的对比分析等;信息使用者在使用前,要对会计电算化输出结果复核,如客户在支付到期贷款之前,复核收到的往来客户账单;企业财务主管在每日现金送银行之前,要复核由出纳编制的存款汇总表等。

输出结果的限制性分发是指财务会计信息系统的输出结果只限于分发到授权接收的使用者手中。限制性分发通常是通过建立和执行输出文件的分发与使用登记制度来实现。

不论是输入控制、处理控制或输出控制,都还应包括对发现的错误如何加以处理的措施和方法。一般而言,根据不同的情况,如错误发现的时间、错误类型、产生地点、环节等,采用不同的处理措施。例如,对已发现的错误凭证,若错误凭证被发现时已登账，则只能采用红字登记法或补充登记法来更正；若错误凭证被发现时已输入财务会计信息系统但尚未登账，且该错误来自数据转换阶段，即录入错误，则可直接更改；若该错误来自数据的采集阶段，即手工编制记账凭证错误，则操作员不能直接更改，应填制错误清单并通知有关业务部门，待清单中错误更改后送回，再重新输入。

第四节 计算机审计

一、计算机审计的概念

计算机审计是指对财务会计信息系统的审计。将计算机系统作为会计工作的辅助管理工具，不仅给会计工作本身，而且也给审计工作带来了深远的影响，同时也拓展了审计工作的范围。在电子商务环境中，传统的审计线索完全消失。记录和确认交易发生的各种文件，从合同、订单、发货单、发票、数字支票，到收、付款凭证等原始单据，都以电磁信息的形式在网上传递，并保存于电磁存储介质中，极大地冲击了传统审计的方法和模式。

（一）会计组织机构的变化

在财务会计信息系统中，会计的许多功能，特别是会计核算功能由计算机辅助完成。在原有的手工处理系统中的一部分会计组织机构，如工资核算组、成本费用核算组、总分类核算组均有可能不再需要设置。同时，由于计算机的应用，又相应出现了一些新的工作岗位和组织，如系统开发组、系统维护组等。因此，审计工作不仅仍然要围绕原来手工处理系统的例行任务进行，还要对财务会计信息系统新设立的组织机构进行研究与评价。

（二）系统工作平台

系统工作平台是指财务会计信息系统使用的计算机硬件系统和系统软件。必须保证系统平台能满足会计电算化技术与安全方面的要求。由于计算机系统是原手工会计系统没有的部分，因此对财务会计信息系统的审计，审计部门要增加计算机技术方面的成员。

（三）数据存储形式

在手工操作时，会计信息由纸张介质进行记载，如记账凭证、账簿等。在财务会计信息系统中，计算机内的数据都存储在各种光、电、磁介质中，会计人员再也不能以翻开证、账、表的形式使用这些信息，只能借助计算机的辅助设备和程序来存取这些信息。由于存储介质的变化，使得会计系统的审计线索亦发生了变化，一方面使得部分审计线索消失，另一方面则使大部分审计线索改变了其存在的形式。

（四）内部控制

除了原有手工系统下的内部控制制度外，企业会计系统应为每笔业务、每项经济活动提供一个完整的审计轨迹。可将相当一部分内部控制方法交由计算机程序实现，如试算平衡、非法对应科目设定、计算机操作权限设置等。计算机审计要求对财务会计信息系统内部控制机制的有效性进行审计。

（五）计算机系统的安全性

财务会计信息系统的安全隐患主要来自两个方面：一个是会计人员及其他人员的舞弊行为，另一个是外界对计算机网络的恶意攻击。因此，必须采取相应的审计方法来对财务会计信息系统的安全性进行审计。

二、计算机审计的内容

计算机审计的基本目标是审查财务会计信息系统的有效性、经济性、效率性、完整性、准确性、安全性、私用性和合法性。在财务会计信息系统中，由于其组织结构、数据处理形式及数据存储介质都与手工系统有了很大差别，其审计的方式和内容也随之有所改变。

此外，审计人员不仅仍可依靠手工围绕财务会计信息系统进行审计，也可利用计算机作为辅助工具对财务会计信息系统进行审计。具体地说，在财务会计信息系统环境下，计算机审计主要有以下内容。

（一）内部控制审计

财务会计信息系统的内部控制是否健全有效，是会计信息正确与否的基本保证。我国针对会计处理工作制定的一系列法律法规，是保证财务会计信息系统正常运行的法律基础。一个企业内部控制的建立和实施，必须实现的目标包括提供可靠数据，保护各项资产及记录的安全，促进经营效率的提高，鼓励遵守既定政策，遵守有关法规。如果企业的现行会计制度、会计处理规程等内部控制既符合公认的会计原理和准则及其他内部控制原则，又能够自始至终地得到贯彻执行，那么一般可以认为企业提供的会计信息是真实的、公允的。若会计电算化系统能够依据《会计电算化工作规范》等法律法规实施操作，也可以认为该会计电算化系统是有效的、可靠的，其提供的信息是真实的、公允的。制度基础审计既是社会经济发展对审计工作提出的要求，也是对财务会计信息系统进行内部控制审计的主要内容。

（二）计算机系统审计

计算机系统包括计算机硬件、系统软件和应用软件。计算机系统审计主要指对计算机硬件和系统软件的审计。

对计算机硬件的审计是审查硬件的性能是否达到要求，设备运行是否正常。一般来讲，财务会计信息系统的硬件要求可靠性较高。为了保证系统数据的安全性和完整性，系统可以采用数据存储设备镜像或双机热备份等工作方式。

对计算机系统软件的审计，主要内容有计算机操作系统和数据库管理系统。在当前的中小型系统中，可用于局域网系统的操作系统产品不多，这些产品不提供源代码，其安全性也有限。在多用户或网络工作环境中，计算机操作系统必须满足一定的安全级别。在有条件的情况下，计算机操作系统的安全级别要达到 B2 级。

（三）系统开发审计

对于财务会计信息系统，不仅要对系统的工作环境进行审计，也要对财务会计信息系统的开发过程进行审计，也就是要对财务会计信息系统的整个生命周期进行审计。系统开发审计一方面要检查开发活动是否受到适当的控制，以及系统开发的方法与程序是否科学、先进、合理，另一方面还要检查系统开发中产生的文档资料。例如，在系统分析阶段产生的系统分析报告所描述的财务会计信息系统逻辑模型是否正确，在系统设计阶段产生的系统设计文档是否可行、有效，在系统实施过程中采用的开发工具是否先进。

（四）应用程序审计

应用程序是系统功能的最后实现，尤其是在财务会计信息系统中，会计功能，特别是会计核算必须依照一定的步骤、方法和规范展开。因此，应用程序的审计要通过一系列数据测试，对目标系统的符合性进行检验，以保证程序运行逻辑的正确性。

（五）数据文件审计

财务会计信息系统是利用数据文件系统存储会计处理的对象和结果。在会计电算化系统中，会计凭证、会计账簿、会计报表映像；国家制定的法律、财经法规、政策和制度，上级制定的规章制度，上级下达的指示、通知、命令；企业单位制定的经营方针、目标、计划、预算、定额、经济合同，各项经济指标、规章制度等都可以以数据文件或数据仓库的形式存储于光、电、磁等介质上。因此，审计依据和审计证据大部分来自财务会计信息系统和企业信息系统内部，特别是企业单位制定的各项数据指标和账务处理数据。

第六章 财务会计模式研究

第一节 现代财务会计模式的缺陷与优化策略

　　财务会计是企业管理的重要内容，建立起科学、先进、合理的财务会计模式，对提高决策正确性、强化企业经营管理、实现企业经营效益目标起着不可忽视的作用。本节从分析财务会计模式的根本缺陷入手，对优化现代财务会计模式提出几点建议，期望对提高财务会计管理水平有所帮助。

一、财务会计模式的根本缺陷

（一）传统会计模式的缺陷

　　在传统会计模式下，会计业务处理独立于其他业务流程，只负责记录和审查已发生的经济业务，根据原始凭证进行记账，编制各类账簿和报表。从本质上来看，传统会计工作集中于对单据的流转与记录，这就造成传统会计缺乏灵活性。由于传统会计不涉及业务工作，所以在成本核算、固定资产管理、应收账款管理等方面未能发挥其应有的作用。同时，传统会计模式缺乏对管理决策的参与，仍停留在财务会计记账层面，尚未履行会计的管理职能，这种粗放式、简化式的会计模式，已经无法满足现代企业管理要求。

（二）财务预算管理缺陷

现阶段，越来越多的企业开始重视预算管理，将其作为财务管理的重要内容。但是，在预算管理实践中却存在着管理体系运行缺陷，具体表现为：员工参与预算管理的积极性不高，预算制度未能获得员工的支持；预算根据工作计划编制，采用固定预算编制法，使预算缺乏可执行性，经常出现较大预算执行偏差；预算考核形同虚设，没有将预算考核纳入部门绩效考核范围内，同时也缺乏必要的奖惩措施，从而弱化了预算的刚性和约束力。

（三）财务会计管理体制缺陷

国内部分企业存在这样一种现象：投资者即经营管理者，这对企业财务会计管理工作的开展造成了不利影响，如决策的科学性及民主性不足，导致财务管理工作无法顺利进行；又如企业内控对财务的监管和审计无法健全，财务会计管理的作用难以有效发挥。同时，由于企业管理者未对财务会计管理工作予以足够的重视，使得财务会计管理在企业经营决策方面无用武之地。此外，因财务会计管理制度不够完善，使相关人员在工作中没有制度可依，工作的规范性和科学性不够，对企业的经营决策造成影响。

（四）财务会计报告缺陷

财务会计报告受现行会计制度和会计准则的影响，呈现出一些缺陷，具体表在以下三个方面。

1.财务会计报告忽视价值核算

在现行会计制度下，会计遵循历史成本原则进行核算，将成本核算作为重点，而轻视价值核算。如果发生严重的通货膨胀，就会影响财务报告信息的真实性，出现历史成本明显低于现行重置成本的问题。

2.无法反映未来经济活动

财务报告是对历史会计数据的汇总，会计信息使用者通过财务报告了解到企业过去一段时期内的财务状况和经营成果，但是无法获取未来一段时期的经营预测相关信息。

3.信息披露不完整

财务报告只能披露企业财务信息，而对于与经营业绩相关的非财务信息，如企业人力资源状况、企业经营优势、企业商誉情况、企业经营风险等却不能反映。应当说，上述列举的现代财务会计所存在的种种矛盾和障碍，既有来自实践中有关利益阶层的影响，也有来自对会计理论认识上的偏差。

二、现代财务会计模式的优化策略

（一）拓展会计管理职能

当前，传统的会计模式已经难以适应企业的发展需要，所以必须进一步拓展会计职能，促使会计核算为企业管理服务，从单一的事后核算转变为集事前预测、事中控制、事后核算于一体的会计管理体系。企业要保证财务部门在经济管理中的重要地位，让财务部门参与到企业管理与决策中，具体措施如下。

1.建立多元化财务会计目标

会计工作要以提高企业经济效益、服务企业长远战略发展、维护投资者利益以及提供有效会计信息为目标，履行自身会计管理职责。

2.参与企业投资决策

利用会计核算所获取的经济数据，从经济效益角度出发，对投资项目进行经济预测，预计未来收益，综合考虑风险因素，从而做出正确的投资决策。

3.分析成本效益

会计工作要加强与其他业务部门的协作，及时获取采购、生产、销售、应收账款回收等方面的信息，做好成本效益分析，为企业调整产品结构、制定销售策略、改进生产模式提供依据。

（二）落实全面预算管理体系

企业要落实全面预算管理体系，使预算覆盖到企业各项经济活动中，通过预算管理提高单位资金使用效率，实现资源优化配置，具体措施如下。

1.调动全员参与预算管理

根据企业战略发展规划制定预算总目标，将预算总目标层层分解，落实到各部门、各岗位，形成全员参与预算管理的良好氛围。

2.引入科学的预算编制方法

预算编制根据业务特点的不同选用相应的编制方法，如零基预算法、弹性预算法、滚动预算法等，使预算更加合理、严谨。

3.强化预算执行刚性

严格按照审批通过的预算对各项经济业务进行控制，针对预算执行偏差进行分析，找出原因，采取有效的纠偏措施。在非必要的情况下，尽量不对预算做出调整，维护预算的权威性。

4.落实预算绩效考核

构建起完善的预算绩效考核指标体系，对考核单位的预算执行情况进行客观评价，并根据考核结果落实奖惩措施，使预算与部门、个人的利益挂钩。

（三）完善财务会计管理体制

为有效解决企业财务会计管理体制中存在的缺陷问题，必须逐步完善财务会计管理体制，具体可从以下几个方面着手。

1.适当集中财权

对财权进行适当集中，并对管理加以强化。总机构应当具备以下权利：资金调度权、资产处置权、收益分配权、投资权，而各分支机构则只具备经营权，借此来实现分权型管理向部分集权型管理转变。

2.对物资可实行统一采购

实行统一采购可减少采购成本，企业可以借鉴政府集中采购制度，节省仓储费用，加快资金的周转速度，提高资金使用效率。

3.在企业中推行目标管理模式

目标管理模式是一种现代管理理念，它以对最终成果的考核作为核心，实现对企业内部各部门的绩效考评与控制，其管理思想是激励，通过各种激励方式调动各部门的经营和管理积极性。

4.应健全内部机制

企业应健全内部机制,加大财务监管力度,确保财务会计管理的权威性和地位,使财务会计管理的作用得以充分发挥。

(四)改进财务会计报告体系

现代财务会计报告体系应更加全面地反映企业过去和未来一段时期经营成果与财务状况,增强财务会计报告的有用性。财务报表是财务会计报告体系的核心,三大报表(资产负债表、利润表、现金流量表)要满足相关性、可靠性、可计量性的要求。将财务报表中所披露的会计信息划分为核心信息和非核心信息,核心信息采用历史成本计量属性,非核心信息可引入公允价值等计量属性。在财务报表中,要加入对投资报酬、变现能力、财务弹性等方面内容的披露。在财务报表附注中,要增加与企业经营业绩相关的非财务信息披露,如融资方式风险、物价变动信息、经营活动不确定性事项、商誉评估等内容,使财务会计信息使用者更加全面地了解企业发展环境和发展能力,从而提高财务会计报告的使用价值。

总而言之,新形势下的财务会计模式必须与时俱进,加快模式创新与优化,促使财务会计更好地服务于企业发展,满足财务信息使用者的需求。在财务会计实践中,要结合现代企业制度,构建起完善的会计管理体系、全面预算体系、财务会计管理体制以及财务会计报告体系,从而推动现代财务会计模式不断发展。

第二节 现代企业制度下的财务会计模式

任何一种事物都有客观的外部环境和与之相适应的自身运行规律,同理,任何一种企业财务会计模式也对应着一种企业财务运行机制。

我国建立的现代企业制度,是适应社会主义市场经济要求的产权清晰、权责明确、政企分开、管理科学的企业制度,它是使企业成为面向国内外市场法人实体和市场竞争主体的一种企业机制。现代企业制度对财务会计模式也提出了更高的要求。

一、建立起多元化的企业财务会计目标模式

会计目标是会计在特定环境下所应达到的预期结果和根本要求，是整个财务会计管理系统运行的定向机制、出发点和归宿。

会计目标的确定主要取决于两个因素，即社会需要会计干什么和会计能够干什么，因而与现代企业制度相适应的企业财务会计目标主要有三点：一是合理组织资金运动，提高企业经济效益；二是为企业、国家、债权人等财务会计信息使用者提供有用的信息；三是维护投资者、债权人和本企业各方的利益。

二、建立起经营管理型的企业财务会计工作模式

我国现行企业财务会计工作，基本上仍停留于算账、报账的传统模式，因而尚不能满足现代企业制度的要求，财务会计只有在原有的基础上开拓新领域，充分发挥现代财务会计的职能作用，建立起经营管理型的企业财务会计工作模式，才是根本出路。

经营管理型的企业财务会计工作模式，是由下列三个不同层次的财务会计子系统构成的：第一层次是以总会计师为主，建立起的规划会计系统；第二层次是以企业内部各单位的人为主体，建立起的行为会计系统；第三层次是以财会部门为中心，建立起的财务会计系统。

三、建立以注册会计师为主体的财务会计监督模式

在我国现行的会计监督体系中，内部会计监督和内部审计监督是基础，国家审计是主体，民间审计是补充，会计师事务所和审计事务所同时并存。这种体系结构与建立现代企业制度不相适应，应建立起以注册会计师为主体的财务会计监督体系。

建立了现代企业制度，现有国有企业转型成股份有限公司后，国家成为其投资

者或股东之一，而国家审计机关是政府的一个行政机构，故应由具有独立地位的第三方——注册会计师来审计它的一切业务，这样做符合社会各界要求对财务信息的鉴证应无任何立场偏向的原则，也符合国际惯例。

现代企业制度的建立，使投资者的终极所有权和企业法人的财产权相分离，这是企业会计人员和内部审计人员具有双重身份的客观基础，由于他们与本单位的利益休戚相关，加之直接受本单位管理者的领导，因而其经济监督职能必将受到较大的限制。

四、建立我国现代企业制度下的企业财务运行机制

（一）企业财务运行机制的本质特征

企业财务运行机制是指企业在从事理财活动过程中遵守的一系列原则、程序、规章、方法等规范与标准按照一定的方式结合所形成的有机体，它是企业经营机制重要组成部分，是企业经营机制系统中的一个子系统，它的形成将使企业理财活动的连续有序进行得到保证。

（二）企业财务的目标

在一定外部环境下，企业进行经营是追求利益和财产的增加，在漫长的理财活动过程中逐步形成了"利润最大化"和"财富最大化"两种财务目标。

1.利润最大化

从传统的观点来看，衡量企业工作效益的公认指标就是利润，因此假定利润最大化是企业的财务目标。

2.财富最大化

财富最大化是指企业通过合理的经营，采用最优的财务政策，在考虑资金的时间价值和风险报酬的情况下，使企业总价值达到最高，进而使股东财富达到最大。

（三）企业财务运行机制的基本框架

1.构建企业财务运行机制遵循的基本原则

（1）必须严格遵守国家有关的法律、法规、制度和规定。市场经济是法治制经济，国家对企业经营行为、财务活动的约束将主要是以各种法律、法规形成间接管理。建立企业财务运行机制必须遵守国家的各种法律、法规，以确保国家有关法规的有效实施。

（2）充分挖掘全员潜力，以调动全员积极性、创造性为宗旨，实行责权统一。企业理财存在于企业生产经营的所有层面和环节，因此建立企业财务运行机制有利于企业员工参与企业理财，充分挖掘员工的潜力，调动员工的积极性和创造性。

（3）充分体现企业生产经营特点和管理要求，注重实用性和可操作性，使国家赋予的企业理财自主权得到具体体现。

2.企业内部财务管理体制

企业内部财务管理体制，是在一定的经营机制前提下，企业内部各主体在财务管理方面的权限责任的结构和相互关系，它明确规定了企业内部各主体分别享有哪些理财权限和承担哪些理财责任。企业内部财务管理体制在企业财务运行机制中处于核心地位。

3.财务管理制度

财务管理制度是企业在日常的财务管理工作中所遵守的各项规范标准，根据其具体内容可分为以下三个方面。

（1）筹资管理制度，即财务人员在筹资工作过程中所应遵守的规范与标准，包括筹资预测及分析制度、资本金管理制度、公积金管理制度、负债管理制度等。

（2）投资管理制度，即对投资活动进行管理，包括投资预测分析制度、内部投资管理制度等。

（3）利润分配管理制度，即对企业利润分配比例、幅度、内容等所做的规定。

4.企业内部监督制度

财务运行机制作为一个有机体，实行有效的自我监督是保证其正常高效运转的必不可少的条件。财务运行机制包括内部会计监督和内部审计监督。

第三节 新环境下的财务会计理论与变革

为适应当前社会环境及经济环境的变化,财务会计理论也必须基于实际情况进行改革,下面将对新环境下的财务会计理论及变革进行分析。

一、新环境下的现代财务会计理论

(一)会计主体

进入 21 世纪以来,在经济全球化趋势的带动之下,以互联网信息为主导的计算机和网络技术得到了迅猛的发展,并在短时间内得到了最大化普及,换言之,当下我国财务会计的发展已离不开数据信息处理技术,财务会计和数据信息处理技术之间的联系在未来将会变得更加紧密。当然,在这样一种大环境下,财务会计理论也得到了一定程度的发展,其中最为突出的一点就是突破了国界的限制,最大限度地实现了国际的联合与分组,这种情况无疑增强了新时期市场经济会计主体的可变性。但是从另一个角度来看,也加大了对会计主体的认证难度,也就是说,由于互联网信息技术的发展,现代会计在核算工作环节所涉及的空间范围将会变得更难界定。

(二)会计目标

新环境下所谓的"会计目标",主要是指专门提供信息及信息原因的对象,以及提供信息的相关内容等。这一点与传统的财务会计目标存在较大的出入。在传统的市场经济发展模式下,市场各经济主体一般都会将会计信息使用者看成一个有机整体,并为其提供较为全面的、通用的会计报表。在当前互联网环境下,会计信息提供者与会计信息需求者之间可以通过互联网及时沟通、交流。尤其是在如今的后知识经济时代，会计目标可能会依据不同的决策来分别为不同的会计信息需求者提供不同形式的财务报告。

（三）会计权益理论

会计权益理论，体现在从传统会计平衡方式中。在传统会计权益理论框架下，企业财务资本持有者的权益，是专门对于人力资本所有者的权益来说的。21世纪能够真正影响甚至决定企业未来发展前景的，是互联网知识经济环境下企业的信息获取能力、知识和科技水平及其创新能力等，这些才是新经济时期企业发展的核心。简单来说，与传统会计权益理论所不同的是，在现代社会，企业的财务体系不能只包含非人力资本，除此之外还应当尽可能多地体现出市场人力资本、企业人力资本，并及时更新会计权益理论，时刻促使其与社会实践相结合。

二、新环境下的财务会计模式改革

（一）人力的资本化

当今是以知识经济为核心的互联网信息时代，随着技术在社会和企业发展中的作用日益突出，企业更加注重人在生产要素中所发挥出的巨大作用。人是社会财富的创造者，同时也是财富的守护者，更是人才的培养者与传递者。简单一点讲，现代企业无论是在经营管理理念上，还是在财务会计实施策略上，对于人力资本的投入，都已具有一定科学合理的体系，也初步形成了现代企业人才观。企业对人力资本的投入是有价值的。

（二）主体的多元化

社会经济主体的多元化，主要体现在产业经济结构上。比如，在经济主体层面上，我国存在国有经济、外商独资经济、中外合资经济、个体经济和民营经济等。社会经济主体多元化，势必会导致利益多元化，继而引发一系列利益冲突，即市场竞争程度增强，各企业的竞争实力也得到加强。除此之外，会计结构也出现了变化，主要表现为内部结构的变化。在这种情况下，现代企业会有针对性地给出相对精确的财务目标，时间一长，创新型的财务会计信息技术也就逐渐形成，并在此基础上加以发展，产生一个全新的会计信息运行体制。

从会计的最初本质来看，它是一种以单纯复式记账作为基础方法的经济理念，无论什么时期，它都应当以实现社会经济效益作为根本目标，进而全面满足当期市场经济的资本发展需要。财务会计本身属于企业组织对外报告会计中的一个小小分支，而且是不可或缺的关键分支，所以为了避免将财务会计等同于企业对外报告会计，我国在财务会计理论发展与实践中，应将现代财务会计与资本市场会计联想在一起。

第四节 互联网背景下的企业财务会计创新路径

互联网时代，由于企业财务管理发展观念落后、财务人员专业技能水平不高、财务信息没有安全保护，以及企业财务设施陈旧等方面的原因，企业财务会计工作出现了很多问题。下面以互联网技术与财务会计工作相结合的重要性为基础，分析互联网时代财务会计工作情况，对互联网背景下的企业财务会计创新路径进行研究。

企业的财务会计主要负责全面、系统、有效地监管与核算企业的资金运作，工作的主要内容是确认与计量企业各项活动中所产生的资金，并以报表的形式将相关的信息上传给信息使用者，让企业经营人员及其他利益相关人员能够了解企业真实的财务状况。随着互联网时代的到来，互联网技术在各个领域被不断普及、使用，企业传统的财务管理方式越来越难以满足企业的发展需求，所以企业财务会计工作人员急切需要建立与互联网技术相结合的企业财务会计工作新观念。互联网技术的应用为企业财务会计工作带来了一系列的变化，这有助于改善传统财务会计的工作流程，为企业经营者提供更加有效率、有安全性的服务。

一、互联网时代我国财务会计工作现状

（一）财务会计发展观念落后

随着互联网的发展，人们的生活方式也产生了变化，"网购"已影响了人们生活的方方面面。因此，许多企业改变销售模式，纷纷由线下的实体店销售拓展到线上的网络平台销售。因为企业的销售模式发生了变化，所以企业的资金流也发生了变化，这对财务会计人员的工作提出了新的要求。就目前整体情况来看，由于财务会计发展观念落后，很多企业在处理线上业务的时候，仍旧使用传统的财务管理方式，在互联网时代，这就降低了财务会计的工作效率，同时也对经营者做出决策和企业发展形成了一定阻碍。

（二）从业人员专业水平较低

在互联网时代，科技飞速发展，企业财务核算方式和财务管理模式也不断改变。互联网背景下，企业财务会计人员必须提高自身专业能力，除专业技术能力之外，还需要具有较高的互联网知识水平。目前，企业在日常工作中，缺少对财务会计人员的培训，很多企业都没有对财务会计人员进行专业的互联网财务会计知识培训。财务会计人员只依靠旧有的工作经验，无法学习、掌握互联网业务中的财务管理知识，更难习惯和把握互联网时代财务会计工作的重点和新要求。另外，虽然一些企业已经意识到互联网技术对企业财务管理的巨大影响，但对财务会计工作的新模式有误解，认为新的财务会计工作模式只是工作方式上的一些变动。除此之外，虽然近年 直大力宣传、普及无纸化办公，但财务人员的工作方式却没有发生实质性的变化，财务人员无法提高工作效率，导致财务会计工作无法完成预定的目标。

（三）财务信息安全缺乏保障

互联网背景下，企业传统的相对独立的内部管理体制将被打破。与传统的财务管理模式相比，由于物质载体发生了极大变革，财务会计工作中的许多环节信息泄露的风险都增加了。因为企业的财务部门不仅要与本企业的其他部门、分公司，以及客户、供应商等交换数据，还要与政府税务部门、监管部门，以及银行等机构对接信息，所以硬件设施、办公软件、操作流程等都对企业财务信息的安全有着重大影响，甚至影响企业的正常运行与发展。

（四）办公设备陈旧

企业财务部门的办公设备总共有两大类：一类是硬件设备，如计算机、移动硬盘、打印机、传真机、书写工具等；另一类是软件设备，如专门用于财务会计工作的应用软件。但是在日常工作中，大多数企业往往没有构建起完整、有效的财务管理系统，并且有相当一部分企业所用的电算化软件没有随着企业拓宽经营范围而同步更新，还局限于旧的业务领域，缺少互联网业务管理模块。大数据时代，企业的财务信息数据爆发式增长，陈旧的财务软件和硬件设备已无法满足财务工作需要，影响企业财务管理水平，这将导致企业在经营过程中屡屡出现问题，不利于企业的整体发展。

二、互联网技术与财务会计相结合的重要意义

（一）提高工作效率与质量

传统的财务会计模式中，日常工作的要点是会计核算和监督，这两种工作需要财务会计工作人员花费大量的时间去完成。虽然会计电算化使手工记账时期的誊抄账簿、人工计算等方面的工作大大减少，但并没有从根本上改变传统财务会计模式下冗杂、重复、烦琐的工作流程，财务信息无法进行及时的传输、准确的分析，很容易出现因工作人员疏忽而造成的失误。财务会计人员的工作效率和质量得不到有效提高，企业的业务拓展与经营受到阻碍。将互联网技术与财务会计结合起来，能减少人为失误，使财务会计与企业经营者全面准确了解企业的资金运转和业务情况，提高工作效率与工作质量，打破企业经济业务与会计工作之间的信息壁垒。

企业运用互联网技术，还可逐步实现无纸化办公，缩减办公成本，在节省较大数目资金的同时，也顺应了可持续发展的趋势。

（二）提升财务信息的有效性

财务信息是信息使用者做出各种决策时的重要依据之一，不正确、延迟的财务信息通常会使企业决策者对企业真实状况的了解产生偏差，从而做出不正确的决策，以致对企业的市场竞争产生不利影响，使企业在市场竞争中的地位下降。所以，财务信息的正确性与及时性都与企业将来的发展有密切联系。

互联网技术与财务会计的结合，将有效增强财务信息的正确性与及时性，信息使用者可以分析各类信息，做出更加具有科学性与合理性的决策以应对市场竞争，并对企业内部的制造、销售、运营等过程进行全面监督，可以及时地发现问题，并利用有效的财务信息解决问题，最终提高企业在市场中的竞争力。

（三）优化企业组织结构

互联网对经济发展产生了巨大的影响，不仅推动了产业融合、商业创新与跨国合作，还促进了财务会计转型，使其从传统的财务会计工作模式转变为企业财务集中管理模式。在财务集中管理模式中，企业不再像之前一样在子公司、分公司、各个办事处都设一个会计部门，而是以财务信息的在线共享为基础，对各子公司、分公司、办事处实施集中统一管理。如此，企业就可以加强内部管理，严格控制信息流向，降低成本与风险。值得关注的是，企业财务集中管理模式往往只出现在大中型企业管理中，而小企业则可利用财务外包进行财务管理，因为这样能获得更加专业的财务建议与管理服务，从而使企业经营者可以对企业的整体运营投入更多的精力，提高企业的经济效益。

（四）优化会计职能，加强企业管理

互联网技术与财务会计的结合，增强了财务信息的有效性，能够帮助企业经营者更好地平衡企业发展战略与财务管理之间的关系，还影响着企业的业绩评价与预算制定。

三、互联网背景下的企业财务会计工作模式创新路径

(一)完善与改进财务会计工作观念

在互联网背景下,财务会计人员面对全新的市场景象和更高的企业要求,必须具备更高的专业水平。财务会计人员必须与时俱进,不断更新自身对财务会计工作的认识。不能因循守旧、故步自封,但也不能因为追求观念的创新而脱离现实。

需要注意的是,财务会计工作的创新不是独立的、脱离企业其他部门的。财务部门想要创新工作模式,需要其他部门的积极配合,财务会计人员需要和企业的其他部门同事密切沟通,相互协调,共同努力,一起去实现财务会计工作的创新,创建高质量的财务会计工作新模式,企业各部门同心协力,共同促进企业高效发展。

(二)加大财务会计人才培养力度

从企业的立场出发,想要实现稳定发展,必须立足当前市场情况,结合本身实际,明确自身最短缺的人才类型,积极培养财务会计人才。增加本企业的财务会计人才有两条路,一是对本企业原有的工作人员进行培训,提升他们的财务会计专业知识水平,增强他们对互联网背景下的财务会计工作的认识;二是积极引进新的财务会计人才。如此双管齐下,便能提高企业财务会计人才的拥有数量,为企业经营者提供更为准确、高质量的财务信息,提高企业的市场竞争力。

从财务会计人员的立场出发,想要跟上时代的步伐,不断加强自身能力,从容面对互联网时代带来的机遇与挑战,就必须对自身的专业技术和知识领域进行革新。财务会计人员想要不断进步,有三种方式:一是参加本企业安排的相关培训;二是在本职工作之外积极参与企业的经济业务,不断提高自己的经济业务处理能力,了解经济业务的开始、发展、结束的全过程,并在此过程中增加自己的专业知识,提出合理的财务建议;三是树立终身学习的意识,不断更新本行业知识,同时积极学习跨行业知识,努力打破传统思维模式与行业壁垒。

（三）增加财务办公设备的技术和资金投入

传统的财务会计工作只需要简单的硬件设施提供支持，但在互联网时代下，财务会计工作需要计算机设备、财务软件、互联网技术等提供支持。计算机的性能、财务软件的质量、网络系统的安全等都会对财务工作产生一定的影响。所以，企业应该加大财务工作方面的技术投入和资金投入，如使用正版计算机操作系统和相关财务软件，并及时更新；建立专门部门，配备专业人员，确保网络环境的安全，为财务会计工作模式的创新提供良好的技术支持。

（四）保证财务信息安全

在互联网背景下，财务会计工作离不开互联网技术的支持，因此网络安全问题将成为财务会计工作的重中之重。企业想要保证财务信息的安全，需从内部和外部两方面同时进行。

1.在内部方面

（1）企业应增强财务会计人员本身的安全意识，财务会计人员应坚持定期检查、更新财务信息，并及时对计算机等硬件进行病毒查杀，以保证计算机等电子设备没有安全漏洞。

（2）企业应将财务系统设为实名登录，多个管理员共同监管、相互制约，并要求相关工作人员各自保管好账户信息，严格遵守已经签订的保密协议，个人账户不得出借，更不允许外泄。

（3）企业在使用计算机等硬件设备之初，就设置好数据恢复、备份的规则，并定期备份数据，记录备份日志。

（4）日常做好物理方面的防护，如机房防火、防潮、防磁，安排专人对机房进行管理，严禁无关人员进出财务室等，切实提高企业财务信息的安全性。

2.在外部方面

（1）为保障企业财务信息的外部安全，企业需要安排专人定期检查系统日志与网络数据，检测是否有外部网络入侵的情况。

（2）将数据往来模式设置成交换和浏览模式，并设置远程访问权限，以加强财务信息的外部安全。

在互联网背景下，数据海量增长，企业经营模式必然发生变化，企业经营者面对着严峻的挑战。想在日新月异的互联网世界中站稳脚跟，在市场竞争中保持强大的竞争力，企业必须在财务会计工作上转变观念，加强互联网技术与财务会计工作的联系，在保证财务信息质量的同时确保财务信息的安全有效。想要达到这样的目标，一方面需要政府提供政策支持，护航人才培养与科技创新；另一方面需要企业自身关注财务会计工作模式的完善与创新，不断更新财务会计信息化所需要的软件及硬件设施。企业应逐步提高财务会计信息化水平，使财务信息能够为企业经营决策提供更有力的支持。

第五节 大数据时代下的财务会计转型

大数据给时代、经济的发展带来诸多影响，人们可以借助大数据分析事物发展的动态，制定科学的发展策略。同时，财务会计需要基于大数据技术改变之前的工作方式，顺应行业发展需求改革工作体系，通过分析大数据时代下财务会计变革的背景，思考财务会计转型发展的思路。大数据时代财务会计模式的研究能让企业科学地了解大数据时代下财务会计呈现的发展优势，促使企业积极转变财务会计的工作模式，努力提高财务工作的创新性，帮助企业实现健康长远的发展。

财务会计的发展与经济及社会的进步有着密切联系。当前社会已经步入信息化时代，财务会计随着市场环境的变化不断发展及完善，可以说，财务会计是依照经济环境的变化而进行相应的改革以及转型，这样能促使财务会计与社会经济实现协调发展。特别是随着现代信息化技术的不断发展，在这样一个信息数据爆炸的时代，企业的数据量也在爆炸性增加，数据结构也变得越来越复杂，大型国有企业和民营中小企业都在加快发展的步伐，希望能找到一条提高核心竞争力，实现企业财富、资源稳步增长的途径。

一、大数据时代下的财务会计变革背景

大数据，也称海量数据，是指所涉及的数据量巨大，这些数据不能在合理的时间内被人脑或一般软件检索、管理和处理，整理成能够帮助企业经营决策的资料。现在每个企业每天都会生产出大量的数据，数据的量级已经从字节发展到了千万亿字节甚至能达到一千亿亿亿字节的量级。

大数据逐渐走入人们的生活，企业应该依照发展趋势完善原有的财务会计体系，让企业发展能符合时代需求。会计工作是时代演变的产物，必须要对工作体系进行革新，提高其时代发展的先进性，为此，立足大数据的发展，企业必须要对财务工作进行创新。对于企业来说，大数据时代的管理和传统的管理最大的区别就在于如何分析和利用这些海量数据，大数据时代的管理是基于对海量数据的科学分析，而不是凭直觉和经验进行业务决策。财务会计的本质是在以数据收集、数据分析的基础上而进行的数据量化管理。然而依托于大数据技术中的数据仓库以及数据挖掘技术，可以使企业的管理更加精细化，使财务管理中的各种工具，包括预算管理、成本管理、业绩评价、会计报告等，在商业决策的过程中起着越来越重要的作用，因此财务会计也要相应地做出一些变革来适应大数据时代的要求。

（一）财务会计人员需要收集和存储更多的信息和数据

不能对大数据呈现的价值进行评估，就不能对有用信息进行精准的估算。运用大数据技术能更科学地反映出企业整体的运行状态。会计部门是与数据信息紧密联系的部门，如果可以运用大数据所提供的发展数据，就能给企业提供发展信息。因此，这就要求企业的财务人员必须熟悉信息技术，收集和存储更多的信息和数据，并能够在海量、复杂的数据中快速地寻找有价值的数据，从而充分反映企业业务的发展，消除信息不对称的问题。

随着市场经济的完善，企业获得利润的核心因素变为了成本控制，这也是微利时代的发展要求。在大数据背景下，从事成本控制的财务人员要具备扎实的专业素养，也要高度关注企业的整体发展过程，在企业的生产过程和内部控制过程中，控制产品的报废率、生产效率以及成本差异等指标。立足成本控制，企业要对成本数据进行深层面的分析与挖掘，这要求企业的财务人员对各项成本数据进行科学的收集工作，并分配和分析这些数据，为企业的决策提供帮助，为企业成本的有效控制奠定基础。

（二）财务会计须满足大数据提出的处理需求

传统的财会数据处理存在诸多不足，整体处理能力较差，不能对数据进行有针对性的筛选以及处理，因此财务人员只能对财务数据以传统方式进行分析，依据数据变动掌握企业呈现的变化趋势，分析企业整体的运营能力，但是不能对企业整体运营能力进行深层面的分析。为此，财务会计应该对数据信息进行全面管理，分析出有价值的财会数据，并对它们进行处理以及分类管理。同时，企业应该针对信息的种类制定不同的发展方案，以此对未来发展做出更科学的规划，促进企业实现健康发展。此外，企业需要借助大数据开展统筹工作，给企业在经济层面的发展提供帮助。从整体层面上讲，大数据时代要求财务会计所具备的信息数据统筹以及综合管理能力，也是当前财务会计缺少的专业能力，只有具备这些专业能力，财务会计才可以为企业提供更多的优质服务，增加企业整体竞争能力。

（三）财务信息的使用者提出了个性化需求

·财务会计工作是为经营者提供信息，帮助决策的一项系统性工作。随着市场经济体制的不断发展，市场整体竞争程度较高，要想获得利益，企业就应该保障决策的科学性，也需要保证其正确性和适用性，这就导致企业财务会计目标发生变化，财务会计逐渐从帮助进行管理转变为帮助进行决策。随着大数据的出现，更多企业关注到云计算的应用，数据以及企业信息数量不断增加，用户提出的财务会计信息需求更加多样化，也更加个性化，体现出很强的不可预测性。为此，大数据发展要求企业更加关注财务会计信息的个性化，对原有的会计工作提出更多的挑战。在大数据的发展过程中，财务会计工作应重视这一发展趋势，采取积极的措施来应对这一不确定性。

（四）非结构化数据的价值日益凸显

目前，企业和事业单位的会计处理主要涉及各种结构化数据的处理。随着现代计算机技术的发展、信息技术的创新和网络技术的更迭，会计人员对结构化数据的处理越来越得心应手。在结构化数据方面，技术已基本成熟，会计人员已能非常熟练地应用相应的技术处理结构化数据的计算、汇总、统计等。如果遇到大量的企业财会数据，会计人员还可以应用商业软件实施处理，以此完成相关的财务会计工作。但是，随着大数据时代的深度发展，半结构以及非结构的数据日益增多，这类数据的价值日益凸显。所以，会计人员需要从众多的企业数据中寻找那些有价值的财会数据，并且对这些数据进行充分的分析，所挖掘的数据价值越高，就越能提高经营者的整体竞争实力。为此，管理者应该重视财务信息的精准性，逐步增强财务数据在财务工作中的作用，财会人员应该重视对各项数据的分析以及运用，提高财务信息的利用能力，逐步增强挖掘财务数据价值的能力。

（五）财务会计数据的精准性要求越来越高

传统的财务报告工作，主要是在对数据进行基本确认、计量等工作基础上实施的，企业的财务数据和相关业务数据是企业管理的重要资源，由于技术手段不足和管理制度不完善，它的价值没有得到充分发挥，未能引起充分的关注。部分企业在决策时受到技术条件等限制，并没有充分且及时收集、整理以及分析符合决策工作需求的财务数据，这样就导致对数据进行分拣的难度加大，整体处理效率低下，影响企业最终财会数据的精准性以及可用性。许多财务数据在被企业生成财务报告前一直处于未被重用的状态。大数据的发展提高了数据处理技术的科学性，企业可以对各种数据进行科学处理，并对数据进行整合，更好地挖掘有价值的财会信息以及有效的发展数据，这样能提高财务数据的精准性，促使财会工作能实现科学发展，从而促使企业获得更好的发展。

（六）财务会计人员需转换角色

大数据改变了传统财务会计人员的角色，使之摆脱了之前的财务岗位角色。会计人员不仅要开展简单的核算以及整合等基础工作，也要实施更高层面的财会工作。传统的财会人员能立足报表数据进行分析，为管理者提供相关的决策依据。随着市场竞争的加剧，之前简单的报表数据分析已不能满足企业实现信息化发展的需求，在大数据时代下，财务人员要能从不同层面探索企业需要的财务数据，解决之前财务报表不能深度分析财务数据的问题，通过实时分析财务数据，更好地发现企业在市场发展以及成本管理中的难题，对企业的经营业绩做出客观的评价，揭示出企业在经营思路中存在的问题，以更好地为经营者转变思路提供明确的方向。

二、大数据时代财务会计转型的思路

随着大数据时代的到来，人们获取数据信息的方式越来越简单和快捷，企业要提高对财务数据进行选择以及处理与整合的能力。面对新形势，财务会计工作必须及时创新才能确保企业健康、稳定、可持续发展。财务工作必须与时代、社会以及生活等背景相结合，才能顺应时代发展的潮流。

（一）财务会计人员要提高整体专业能力

国内财会人员在构成上呈现复杂的特点，年纪较大的财会人员虽具备一定专业能力，但是存在落后性，财务思想也比较陈旧；年轻的财会人员从业经验较少，也欠缺一些工作能力。从整体层面上看，财会人员整体专业能力未能满足时代发展提出的要求，这样就阻碍了财务工作的转型创新，更阻碍了企业的全面发展。

综上所述，企业在新时代发展下应该重视对专业人才的培养，只有实现专业人才的转型，才能加快财务工作的转型进程，为企业发展提供更高质量的人才保障，企业可从以下两个方面的开展转型工作，提高财务会计人员的综合素养。

1.对财务会计人员进行专业培训

财务会计工作的转型需要重视对财务会计人员的专业能力培训，提高其工作能力。针对当前的财务会计队伍，企业需要将大数据处理与管理融入平时的培训中，拓展财务会计人员的业务视野，以此实现现代化财会人员的培养。同时，企业可以派财务会计人员外出学习，学习先进企业所采用的大数据处理方式，提高财务会计工作的科学性。

2.建立大数据管理专业机构

这需要政府的大力支持。许多发达国家已经建立了大数据管理专业机构，并设立了与大数据管理相结合的财务会计专业，以培养更多能够挖掘大数据资源的从业者。

（二）要重视财务会计工作人员人本化的理念

企业需将人本思想作为工作核心。知识时代下，企业要想提高整体竞争能力，就需要科学开展人力资源管理，为企业创造更多的发展价值。传统的人资管理模式表面上看是比较稳定的，但是实际管理中存在多项隐患，如员工之间推诿责任，争吵不休等。大数据时代，信息传播表现出碎片化的发展趋势，只有提高财务人员的主动性，才可以为企业提供更多的发展数据以及生产力。因此，人本思想能改变财会工作的现状。

（三）转变传统财务会计工作方式与内容

长久以来，一些企业的财务会计工作人员只是在办公室进行业务处理，但这种工作方式目前已经出现不能满足实际岗位需求的现象。大数据能让财会人员实现业务与具体财务工作的结合，财务会计工作人员需要深入企业的部门以及具体工作环节，促使业务信息转化为有价值的财务会计信息，给企业提供更多财务数据。

在传统财务工作中，财务核算的程序比较复杂，财务人员主要是对财务报表进行反复的核算，对个人工作能力的需求则不是很强，财务人员不能从全局层面对财务报表进行统筹管理，也就不能科学分析企业整体财务状态。同时，通过人工进行财务核算不能提高整体工作的效率，导致传统财务工作的效率比较低。

财务会计在更新发展中，传统工作方式以及核算内容均发生变化——从传统财务转型为信息化财务。大数据为财务管理的转型发展注入更多动力，解决之前烦琐的会计核算工作问题。同时，大数据促使财会人员将工作精力主要放在财务信息的收集及深度挖掘上，以此更精准地分析整体财务情况与整体运营能力。通过对财务数据进行深层思考,也可以识别企业潜在的财务风险,科学判断企业经济发展能力,促使企业实现综合能力的强化。此外,通过改变传统的财务工作内容,也能强化财务会计工作的作用,让财务部门与其他部门进行深度的沟通,实现财务信息的共享,让部门实现协调性的配合。

(四)要提高财务人员整体财务管理、财务分析及运用的能力

大数据技术的发展将极大地提高财务管理的能力,现代信息技术的发展带动了物联网、互联网、企业内部信息网络的快速发展和大数据处理的发展。在没有信息技术支持的情况下,大数据的收集、处理、输出和分析将被阻断。因此,现代信息技术已成为现代企业赢得竞争的重要手段。在信息时代,所有的会计工作,例如信息的传递、资料的下载、管理软件的使用等都必须依赖于计算机,由于大数据技术具有较高的数据处理效率,同时具备较强的数据处理能力,因此会计人员可以依靠大数据技术来处理更多的会计信息,且能够同时进行多项财务工作。在这样的情况下,企业内部的财务岗位将会发生一定的变化,相似职能的会计岗位将会合并成同一个岗位,同时在大数据技术的支持下,该岗位财务工作的准确性和效率将大大提高。所以,立足大数据对财务工作的影响,财务人员需要积极提高整体财务管理的能力,提高财务分析及运用的能力。大数据对财务工作的模式提出了更高层面的要求,企业要实施创新性的财务管理,提高对财务信息的分析及运用能力;财务人员必须提高财务管理的综合能力,深度分析财务数据中蕴含的内容,科学分析财务工作可能遇到的风险,以此帮助企业制定科学的发展策略。

(五)要改变财务人员传统的管理思维

在以往的财务管理工作中,相对落后的管理理念直接影响着企业财务管理的实际效果,所使用的财务管理机制、财务管理理念、财务管理方法等都无法对企业的经济情况进行全面管理,并对财务会计的转型变革产生了一定的阻碍。部分财务人员盲目相信财务报表,认为企业收支可以真实反映运营情况。但是仅通过简单的财务报表以及流水账,不能真实反映企业资金的流动情况,不能对未来投资进行准确的评估,也不能对公司的发展进行科学的规划。这主要是管理理念存在滞后性导致

的，企业不能科学开展财会工作，制约了财务工作的先进性。大数据能改变传统管理思维，促使财务人员对财务数据及信息进行科学处理，加快财务会计的转型速度。通过提高财务分析的整体能力，财务人员能对各项数据进行科学处理，对企业资金实施统筹性管理，更好地控制企业发展。此外，企业也需要倡导大数据转型发展的观念，积极转变传统的财务思想，以此加快财务会计转型的步伐。

第六节 财务会计工作外包模式的应用研究

随着中国经济蓬勃发展并逐渐与全球市场接轨，世界经济体系逐渐呈现一体化的发展趋势。在这种情况下，中国企业的竞争将更加激烈，企业管理者只有持续地开展技术创新和变革，突破旧有的思想和模式，才能让企业在日趋激烈的国际竞争中立于不败之地。而将企业的财务会计工作外包出去，则成了企业灵活布局的重要手段。外包财务会计工作既能够缓解企业的经营管理压力，也能够提高企业的核心竞争力。下面重点对企业的财务会计工作外包模式的运用展开分析与研讨。

一、企业财务会计工作外包概述

企业财务会计工作外包是指企业从总体战略考虑，把企业的业务活动全面融入战略大局，把部分甚至所有的企业财务会计工作交给专门的财务会计组织来完成，实现企业的财务会计工作和企业的未来发展计划有机融合，以此有效减少企业的会计成本费用，增强企业的总体实力。

在经济全球化背景下，企业的成本核算的重要性也越来越突出，想要有效降低企业综合成本，并突出主要经营项目，就需要对企业财务会计工作实施外包。采用财务会计工作外包，能够有效降低企业经营成本，并充分利用国内外财务会计组织的咨询服务、审计服务、资讯传播服务等，实现低成本高回报的目标。企业采用财务会计工作外包的最主要原因有以下两点。

（一）可以降低企业经营成本

企业经营会产生许多成本，企业经营状况，对企业生存发展至关重要。影响企业经营状况的因素有许多，想对企业经营状况做出正确评估，必须以企业生产经营期间创造的纯收益为基准，企业获得的纯收益越高，证明其经营情况越好。当然，如果纯收益较低，甚至出现负债状况，则代表企业经营不合理。企业想获得更高的效益，最直接的方式有两个，一个是降低生产成本和运营成本，一个是增加企业产品的销售数量，扩大销售渠道，增加销售额。而在企业生产经营期间降低成本的方法有许多，最有效也是最直接的方法便是服务外包，而财务会计工作外包就是其中一种选择。

（二）可以降低企业自身财务管理风险

在企业发展中，财务会计工作一直是非常关键的。但由于企业种类众多，不少企业自身的经营管理理念也较为传统，加之缺少资本，经营管理模式也不完善，企业经营者往往对企业内部的财务管理工作不够关注，也缺乏建立专业的财务管理部门的能力，无法有效地对企业内部财务会计工作实施管控，因此产生了企业财务会计工作外包的需求。同时，不少企业建立的财务管理部门并没有实质性的工作内容，甚至形同虚设，也没有很好落实财务管理部门所应尽的责任。因此，政府部门定期对企业开展抽查时，财务管理部门便是抽查的重点对象，如果在检查过程中发现企业的财务管理方面存在问题，将会对企业发展产生巨大的负面影响。部分企业处于发展壮大阶段，随着生产规模的不断扩大，其需要不断创新财务会计工作模式，主动落实财务会计工作外包，更好地提高财务会计信息质量，以适应现代企业对财务管理的要求。

二、企业财务会计工作外包的方式

（一）薪酬外包

把薪酬发放服务外包给第三方，可以解决企业工作人员的薪酬保密问题。薪酬信息都在外包商那里，所以工作人员无法了解其他人的薪酬状况。这能够防止同事间相互比较薪资，避免工作质量和工作效率的下降。

（二）财务会计报表外包

在外包前，企业管理人员必须耗费很多精力和时间去监督财务部门的会计报表是否符合国家的规定，以及财务会计是否按时地将财会信息报送给投资人、管理者、监督机构等有关方面。为使企业管理人员把工作重心放到核心业务上，不少企业选择把制作财务会计报表的工作外包给服务商。

（三）应收账款外包

应收账款管理对于企业而言非常关键，如果应收账款按时到账，就能够提高企业的资本效率，一旦应收账款拖欠时间过长，就会使企业出现财务危机。但是，由于应收账款的会计核算与催款过程十分复杂，需要花费巨大的人力与物力，所以为提高企业的运转效率，提高应收账款周转率，企业可把核算与催收应收账款的工作外包给服务商。

三、加强企业财务会计工作外包管理的有效措施

（一）增加对企业财务会计工作外包及有关专业知识的了解

财务会计工作外包并不能适用于全部的企业，如果一些企业自身可以解决财务方面的问题，就不需要采用财务会计工作外包。而需要采用财务会计工作外包的企业，也不能将财务会计工作全部进行外包，企业可以将部分工作交由外包机构负责，

根据外包机构的能力对其提供的服务加以选择。

那么什么样的企业比较适合财务会计工作外包呢？企业业务活动比较多，产生了众多财务活动的企业就需要进行财务会计工作外包，以提高企业财务管理的效率。同时企业进行财务会计工作外包还可以调整企业财务会计结构，更有效地避免部门间出现财务会计信息作假的现象，提高企业财务运转的速率，从而得到更理想的财务处理结果。

（二）挑选质量合格的财务会计工作外包服务商

为提高外包服务质量，企业在财务会计工作外包前期需要从外包商的总体管理水平、行业声誉、业务实力、专业水平等方面加以考虑，以便挑选最好的外包服务商。除此之外，企业还需要充分考虑如下几个方面的因素。

1.外包服务商的服务质量

确认其能够高质量地开展财务会计工作。

2.外包成本

对于企业来说，外包是为了降低财务会计工作成本，因此在基本满足自身财务会计工作需求的基础上，可以尽可能选择价格更低的外包服务商。

3.外包商的市场口碑

外包商的相关业务经营时间越长，业务能力可能就越高，提供的服务水平也可能更高，也就可以更有效地减少企业的外包风险。

（三）合理制订外包合同

对财务会计工作外包而言，合同的制订过程同样是至关重要的。这是因为合同不但规范了外包业务中各方的责任与义务，而且确定了在外包出现问题时的解决方法。因此，制订外包协议的时候需要结合外包服务商的自主性、企业的控制力等各种因素，尽量满足双方的需求，从而达到业务双方的利益共享和风险平衡。由于企业财务会计活动触及企业的内部机密，因此双方需要认真履行合同，以确定业务范畴、服务内容。同时，企业还需要做好与外包服务商的沟通工作，并根据企业的外包风险采取相应措施，从而确保企业的财务会计工作外包有序开展。

目前，由于企业内部存在着多重压力，所以企业一定要改变传统的经营模式，把有限的精力和资源全部用于提高企业的核心竞争力，把部分工作如财务会计工作等进行外包。尽管财务会计工作外包已经得到众多企业的认可，但是企业在进行财务会计工作外包时必须充分谨慎，防止在工作外包带来收益的同时忽视了由此产生的经营风险。

第七章 财务会计管理

第一节 什么是财务会计管理

从某种程度上讲，强化财务会计管理，在一定程度上对提高财务会计工作效率有着非常重要的现实意义。构建完善的能够适应市场经济健康发展需求的财务会计管理模式，可以推动财务会计管理工作有效开展，并促进企业管理水平日益提升，从根本上增强企业核心竞争力。因此，在实际管理工作中，企业必须要高度重视财务会计管理的改革与创新，对财务会计管理中存在的相关问题，在结合实践经验的基础上提出合理的改进策略，从而促进现代化企业健康发展。

一、财务会计管理基本概述

目前，就财务会计管理而言，很多专家学者都认为财务会计管理为国家或相关地区对具体会计活动每个方面实施组织、管理和约束的总和，主要包括三个部分的内容，分别为会计工作的专业领导、工作人员管理和会计制度（会计准则）。还有一些持有不同意见的专家学者认为，财务会计管理主要是指对会计事务进行组织以及管理的多种方式与形式的总和，同时也是在规定范围之内开展会计事务组织以及管理的相关方式方法。具体来说，财务会计管理具有以下几个方面的特点：第一，主要包括国家宏观层面的财务会计管理与企业微观层面的财务会计管理；第二，财务会计管理应能够解决的专业化核心问题，主要是指对相关组织体系以及企业会计活动进行有效管理；第三，财务会计管理可以作为制度化安排，有着相对较强的动态性，即财务会计管理能够在社会经济环境不断变化的基础上实施并及时调整和改革。

基于上面的不同表述，可以得出财务会计管理本质上是指对相关会计活动的专业化管理。目前，我国的所有制结构已经发生了较大变化，逐渐形成多样化发展格局，因此财务会计管理也从直接管理逐渐向间接管理转变。

（一）财务会计管理的含义及分类

从事财务会计工作的人员在全社会范围内的数量是庞大的，其所从事的财务工作需要一种组织管理方式，使财务会计工作能正常运行，这种组织管理方式即所谓的财务会计管理。有学者认为，财务会计管理体制是财务会计管理的核心。依照多数国家的财务会计管理体制，可以将财务会计管理分为两类：一类是在计划经济条件下的政府型管理，另外一类是在市场经济体制下的自由型管理。目前，我国社会主义市场经济中，所有制结构已经形成了多样化的格局，因此财务会计管理也呈现了多样的变化。

（二）财务会计管理的职能

1.国家主导宏观化管理

随着市场经济的发展，我国从计划经济转变为市场经济，政府的角色定位必须发生改变，要从管理型政府转向服务型政府。但目前的情况是，政府的管理依然存在职能越权的现象。政府过多参与了本应当由市场经济去解决的问题。在市场经济下，政府对企业的管理应该是适度的。因此，财务会计管理的主要职能是国家主导宏观化管理，具体的管理职能是管理国际化的会计信息，维护市场的公平性、政策的主导性，以及立法和协调会计职业市场等。

政府财政部门的监管应该是对财务会计行业自律的监管，而不是对行业行为本身进行监管。监管的重点是行业自律体系是否完善和精确，自律功能是否有效发挥，自律机制是否严格执行。通过直接的立法监管和间接的行业监管，可以避免政府控制弱化或者监管力度过大、过度干预等弊端。

2.社会中介市场化管理

社会中介的市场化管理主要包括设立相应的社会财务会计服务公司，并使其提供优质的财务服务、完善的注册会计师管理等。

3.行业自律法规化管理

随着市场经济的发展，其环境的复杂多变也对会计行业的从业人员在职业道德水平方面提出了更高的要求。因此，行业自律就成了重要的管理方法。行业自律最主要的形式是成立行业协会，这种协会型的管理形式是行业发展的必然。行业自律管理是介于政府管理和市场中介管理之间的一种中间管理方式，也是按照相关的法律法规来进行管理的，并受政府和社会各界的监督和指导。它是实现会计从业人员自律、规范企业会计行为，确保社会主义市场经济健康发展的重要手段。

二、我国财务会计管理存在的问题

（一）预算编制的程序与方法不够合理

财务预算离开了广大员工的参与和认同，就会变成空中楼阁，使得财务会计管理在落实的过程中出现偏差或是根本无法有效贯彻落实。企业要想使财务预算得到广大员工的支持认同，必须使广大员工参与到预算管理的制订中去，让其感觉到自己是财务会计管理中的一分子，而不是被动接受的执行者。在传统的集中领导统一管理模式下，财务预算是企业直接根据工作计划以及年度财政投入力度直接进行编制，由管理者直接安排每个员工的预算，整个过程并没有员工的参与，因此使得预算在执行过程中很容易受到员工的排斥。

现在许多企业的预算编制都是参考往年预算执行情况，结合目前发展计划目标与可能的年度收支增减情况进行的。这样的编制方法会导致预算的执行力度不够，使预算金额与实际金额产生很大的差异，从而失去预算的有效性及严肃性。

（二）过分强调财务集权

从目前情况来看，很多企业并没有处理好分权与集权的关系，大多数企业为了预防财务风险而过分强调财务集权。财务管理权掌握在少数上层领导手中，管理者并没有制订有效的企业宏观管理计划并进行财务调控，直接抑制了员工对执行财务预算的主动性，无法实现各级部门以及员工积极参与、贯彻，使员工只是单纯地听从领导层的安排，既不主动发现问题和解决问题，也不对现行管理提出创新改革的意见和建议。

（三）机构设置不合理，部门各自为政

根据有关制度规定，一级财务机构与部门，需要在相关管理者，即一级总会计师领导下，对企业的各项财务会计工作进行统一管理。如果财权下放过多，企业设置许多财务机构与部门，那么经费分散，财务资源无法做到统一调配，很容易使得各部门只考虑本部门的利益，从而忽略了企业的整体利益。

三、财务会计管理中出现问题的原因

目前我国财务会计管理中所出现的问题主要是由以下几个原因引起的。

（一）财务管理体制不完善

许多企业在进行经济决策时，很少征求财务部门以及其他部门的意见，使得各部门参与程度不高甚至完全没有参与，经济决策只是管理者的个人行为。

（二）领导层财务会计管理意识普遍较弱

企业领导者缺乏财务会计管理意识，导致企业的其他部门对财务会计管理认识不够全面，从而影响财务会计管理的执行力度，无法为企业实现总经济目标提供有力保障。

（三）拨款模式不当

目前的拨款模式使企业各部门形成了少拨少用、多拨多用、上拨下用的思维定式，导致管理人员以及相关部门的工作人员仍然把算账、记账等日常核算工作当作财务会计管理工作，而真正的财务会计管理却并没有在日常工作中发挥出应有的作用。

第二节 现代企业财务会计管理模式

现代企业的财务会计部门通常会把最大化企业财务利益视为自身的首要工作目标，但这样的工作目标反而会对企业的经营产生负面影响，导致企业的整体利益受到损害。下面将对现代企业财务会计管理模式的主要特征与风险进行简要介绍，并提出应对风险的具体措施。

财务会计部门是企业的核心部门之一，而企业的核心业务是组织生产（服务）并将产品（服务）与社会需求对接。在这个过程中，任何生产活动与资源流动都需要以货币作为计量单位进行统计，财务会计部门担负着完成这一工作的责任。因此，分析现代企业财务会计管理模式的弊端，可帮助企业有效规避财务风险；完善企业的财务会计管理制度，可提高企业的运行效率，大幅缩减经营成本；通过应用先进的财务会计管理理念，可以更好地促进企业之间的合作。

一、现代企业财务会计管理模式的主要特征

现代企业的财务会计管理模式起源于西方的跨国企业，引入我国后在发展过程逐渐适应了我国经济的特殊性。其主要特征可分为三点。

（一）以企业利益为中心，逐步扩大责任与权力

传统的财务会计部门，往往会被视为"记账部门"，认为其工作的主要内容就是统计企业账目，财务会计管理工作多由人力资源部门负责。但现代的企业财务会

计管理被赋予了更多的管理权利以维护企业利益。

（二）促进企业财务与社会相对接

传统的管理理念中，企业财务工作具有一定的私密性，会计人员不应将相关信息传递给他人。但在现代社会中，企业被视为社会分工体系的组成部分，加之其高度集中了社会资源，因此企业有义务向政府和公众提供财务信息，并主动缴纳税金。但在这一过程中，财务会计部门的财务会计管理模式存在一定的漏洞。

（三）企业财务会计管理工作的主动性更强

传统的企业管理理念认为，各部门之间存在巨大的专业鸿沟，减少对其他部门的干扰，会使企业的运行效率得到提高。但当代的财务会计管理理念认为，企业现状会清晰地体现在财务数据中，因此财务会计部门可依据财务报表，对企业各部门的工作进行科学准确的评估。

二、现代企业财务会计管理模式存在的风险

（一）片面强调企业利益所带来的财务风险

财务会计部门是企业的核心部门之一，因此财务会计管理人员通常与企业领导有较为紧密的联系。保障企业利益通常被财务会计管理人员视为主要工作目标，而一些企业的会计管理部门，会将狭隘的企业利益作为自身工作的基本出发点，并对上下游关联单位以及企业职工制定较为严格的管理制度。这一问题不仅会降低财务会计的工作效率，也会使企业员工的积极性受到影响。还有部分企业的财务会计部门会在结算时为合作单位制造一定的障碍，这对企业的持续经营带来负面影响。

（二）使用纸质票据产生的财务损耗与风险

在现代企业中，纸质票据仍是财务会计管理的主要依据。但纸质票据的保存会

占用较大的空间，查阅工作也需要耗费较大的人力成本。同时，利用纸质票据开展财务会计管理，会使工作程序更加烦琐，难以提高企业的整体效率。例如，部分企业的财务审核票据往往需要得到诸多环节的审批，当某一环节的负责人无法开展工作时，该项审批通常会被迫停滞。另外，纸质票据的安全性也无法保证，部分人员会利用这一漏洞，刻意篡改财务数据，从而使企业的财务安全受到影响。

（三）对账周期过长为企业带来的财务风险

现代企业的财务会计部门，通常会依据不同的财务项目制作年度报表、季度报表与月报表，个别项目也会产生周报表。年度报表主要反映企业的整体盈亏，季度报表主要突出政策调整，月报表与企业的纳税周期相符，周报表主要是配合短期项目的开展。但当下的企业经营环境已经发生了较大的变化，企业更加关注财务信息数据的及时性。例如，部分电子商务企业需要与其所在的平台及时进行结算，而消费者的调货行为也需要企业的会计部门及时做出反应。因此，传统的报表模式已经无法适应当下的财务需求，为企业带来了更高的财务风险。

（四）限制会计职能给企业带来负面影响

我国企业负责财务会计管理的部门，通常会将财务会计的工作局限在数据统计、基层财务审核以及税务申报等环节中。例如，在企业的投资过程中，管理者通常不会邀请会计部门对企业的投资活动进行评估，这样的问题广泛存在。但在跨国公司内，财务会计与管理会计已经成为企业投资活动的战略分析师，他们提供的参考数据对企业决策有着重要的影响。另外，我国的会计部门通常不会为企业提供整体的成本节约方案。例如，在现实工作中，会计部门仅仅会将财务节约工作停留在账面审核的层面，而对于实际工作的流程调整却缺乏足够的关注。

三、企业财务会计管理模式的改进路径

（一）构建企业利益共同体

我国部分企业的财务会计管理模式存在一定的问题，部分财务会计管理人员将狭隘的企业利益视为财务会计主要的工作目标，并对合作单位与员工进行繁杂、严格的审核。这样的行为将使企业的形象受到较大的影响，企业利益也将受到损失。当代社会的产业分工较为复杂，关联企业的利益紧密相连。在这样的环境中，会计部门应当运用利益共同体的理念，将自身定位为促进产业链资金流动的一个环节。例如，某知名电商企业，通过信息技术为其上游供货商提供了专属的财务账户，通过该账户，合作企业将依据自身的诚信等级，自主提取所需的款项。在这一过程中，企业的管理成本大幅降低，其与供货商的合作也将更加紧密。

（二）扩大无纸化办公范围

无纸化办公已在我国推行多年，但传统的财务会计管理模式仍然将纸质文件与票据视为财务会计工作的主要依据。针对这一问题，企业应当扩大无纸化办公的应用范围，从而使企业的财务会计工作更加高效。例如，企业可通过在线支付工具，为外出采购与销售的工作人员规定统一的支付平台。传统纸质票据所记录的数据，都将被反映在支付平台中，同时企业的财务会计部门应向采购单位索要电子发票。在审核工作中，企业也可改进低效、复杂的审核模式，通过大数据分析系统寻找所购商品的最低价格，以提高财务支出的合理性。

（三）构建信息化统计系统

传统的财务会计管理模式中，财务报表的制作周期通常较长。针对这一问题，企业应当积极寻找解决办法，充分利用互联网信息技术，以提高信息传输效率。例如，可使财务会计为基层部门设计对应的电子财务表格，并要求其将终端数据及时地上传至财务部门。通过电子表格化管理，财务统计工作的效率将得到有效提高。

财务会计还可通过财务软件，根据当日的统计数据生成日报表，并传输至企业的各部门和各管理人员。在这一过程中，信息化统计系统使数据传输更加便捷。电子表格化管理统一了企业的财务数据统计格式，数据输入的效率也得到相应的提高，而财务软件帮助会计部门实现了指令化操作，将数据计算变得更为精确。

（四）加强宏观财务监管

会计部门较少参与企业财务的宏观管理，这一问题使企业领导在投资过程中无法得到来自专业视角的建议。因此，企业在开展投资活动的过程中，应当邀请财务部门的代表参与，通过专业视角对投资活动的安全性与盈利空间进行评估。同时，会计部门应当依据自身的财务情况与税务需求，与合作企业的财务会计部门对接，从而使投资活动更加规范。财务会计部门应当以价值链视角对企业运营的各个环节进行分析，针对回报率较低的环节，可要求其进行整改，在整改效果不明显的情况下，企业可将这一环节外包给产业链中的配套企业。

我国企业的财务会计管理模式存在一定的问题。在改进的过程中，企业应当利用信息化技术，扩大无纸化办公的应用范围，特别是在财务会计工作中应用无纸化办公，充分利用互联信息技术，提高工作效率；财务会计部门应当以产业链视角建立更为优化的服务体系，从而使企业获得更为优质的经营环境；财务会计部门应当与基层部门建立高效的沟通渠道，从而使数据统计能力得到提高。

第三节 财务会计管理的改革

在当前经济快速发展的过程中，企业作为经济发展中非常重要的一部分，具有不可忽视的地位。目前我国企业数量众多，一些企业在发展过程中更重视对短期利益的追求。部分企业在发展过程中制约因素较多，不仅存在成本低、规模小、融资难等问题，而且缺乏先进的设备及优秀的管理、技术人员，其软、硬件的缺失也导致企业认识不到财务会计管理工作的重要性。由于一些企业领导的财务会计管理意识薄弱，导致财务会计管理缺乏监督，存在较多的管理漏洞，并且我国缺乏完善的财务会计相关的法律法规，这就给不法分子提供了机会，使之有空子可钻。而财务会计管理工作得不到应有的重视，将导致企业负责人很难依据财务会计信息做出正确的判断。在这种情况下，企业实现财务会计管理的创新具有必然性和迫切性。

随着我国经济的发展，企业的管理应实现现代化，而财务会计管理作为企业内部管理的重要组成部分，更应实现现代化。财务会计的管理和法制监督力度的加强是当务之急。政府部门应该推进转变财务会计管理职能，深入贯彻财务相关的法律法规，落实好会计工作，切不可出现财务会计工作违法违纪、无法可依的现象。

一、健全相关的法律、法规

从专业角度出发，对我国财务会计管理工作具有约束作用的法律、法规主要包括国家的会计准则、审计准则及其他相关法律、法规，同时这些法律、法规也是国家宏观管理工作的核心组成部分，属于我国会计信息化管理工作有效规范的关键性内容。在实际工作中，相关管理部门应进一步健全财务会计相关法律、法规，以更好地指导财务会计从业人员工作，并提高财务会计从业人员的职业道德，从根本上确保我国财务会计管理工作不仅符合中国实情，还可以与国际接轨，使其满足现代化社会主义市场经济的实际发展需求。

此外，财务会计相关管理人员还应健全会计核算体系。现阶段，我国使用的《企业会计准则》，更好地适应了现代化社会主义市场经济发展需求，能从根本上提高会计核算实际质量、水平与实际效率。作为企业，在构建财务会计管理模式的工作中应该依法遵照财务会计相关的专业操作规范要求，进一步建立起科学的会计核算体系，并根据财务会计行业相关的准则、制度依法办事，在行业制度的基础上构建规范的会计核算体系。在会计应用工作、凭证填制以及审核、报账、财产清查等过程中，严格按照《企业会计准则》办事。企业开展资本投入工作的时候，应结合相应准则实施衡量以及确认，并在应用各种资产的时候，遵循一定的投资保本原则，正确选用准则规定的，并有利于企业获得利益的方法开展会计核算工作，制止一切滥用会计核算的行为，避免会计核算信息失真。

二、建立科学的财务会计管理组织机构

现阶段，现代化企业与传统企业之间存在着较大区别，具体来说，现代化企业相对来说规模更为庞大，能够有效进行集团化管理，进而对企业区域发展的具体特点进行真实呈现。所以，相关企业应构建与现代化企业发展情况相适应的财务会计管理组织机构。

建立科学的财务会计管理组织机构，妥善处理好相关财务总机构与下属机构之间的财务管理问题，促进二者的协调发展。企业财务会计管理工作中，应就财务会计统一管理与各机构的自主化管理关系进行有效协调，做到科学的财务集权与财务分权，使其在重点工作中，相对灵活集中地处理好企业财务工作。与此同时，在构建财务会计管理组织机构方面，企业应该借助分权方式，充分调动下属财务会计管理相关机构的管理积极性，保证企业各项工作都可以在财务管理总机构的统一领导之下，结合分机构的科学配合，从根本上促进各项工作的顺利开展。

总而言之，在企业实际发展期间，建立科学合理的财务会计管理组织机构属于现代企业快速发展的必然要求。现阶段企业竞争非常激烈，因此企业应结合自身情况，积极建立能够与自身发展相适应的管理模式，并构建有效的会计核算体系与财务会计管理系统，实现财务会计管理的科学化，提升财务会计管理水平，为企业发展提供一定的资金支持，保证企业在激烈的市场竞争中获得快速发展。

三、加强会计监督体系建设

为了促进财务会计管理模式的有效运用，企业应该进一步完善"三位一体"的会计监督体系（即单位内部的会计监督、政府监督和社会监督，各层次监督之间相

互联系、相互协调形成一个有机整体），并大力构建科学的会计工作控制体系，高度重视国家监督的作用，针对相应的会计违法行为进行及时处理，在执行力度上给予高度关注，不断增强会计法规在实际运行上的严肃性。此外，会计监督工作中应加强内部监督管理，有效突出内部控制及内部约束机制的有效性，加强自我管理。社会监督也是会计监督体系的重要组成部分，可有效维护各方面利益相关者的实际经济利益。

四、加强预算管理

预算管理是一个持续改进的过程，主要由三个环节构成：预算的编制环节、预算的执行与控制环节和预算的考核环节。编制预算可以使管理者们认真地规划未来，没有预算所提供的总的行动计划，管理者的决策将失去方向、缺乏标准、疏于协调。编制预算能改善企业内部的沟通，也能更好地协调企业各部门的行动。企业通过预算设立了绩效目标或标准，管理者根据预算可以监控各部门的目标实现程度和经营状况。企业通过将总预算分解至各部门，定期或不定期地比较某一期间各部门的实际成本与预算目标，可以发现新的利润增长点或经营存在的问题和风险，从而相应地调整预算，更好地促进企业的发展。预算为员工的绩效评估提供了一个标准、工具或指南，预算确立后，管理者就需要承担与预算相关的责任，通过特定期间的实际财务数据与预算目标的比较，评估管理者的绩效。

五、进一步完善内部控制制度

内部控制是企业为实现控制目标，通过制定制度、实施措施等对经济活动的风险进行防范和管控。从静态上讲，内部控制是企业履行职能、实现总体目标而建立的保障系统；从动态上讲，内部控制是企业为应对风险而进行的自我约束和规范的过程。企业负责人应当对本企业内部控制的建立健全和有效实施负责，因此企业负责人应当对本企业内部控制建设采取积极支持的态度，并直接参与内部控制建设过程，为之提供必要的人力、物力支持，保证内部控制建设的有效开展和内部控制的有效实施。

六、加强固定资产管理

对于固定资产管理，企业应当编制固定资产目录，对每项固定资产进行编号，按照单项资产建立固定资产卡片，详细记录各项固定资产的来源、验收、使用地点、责任单位和责任人、运转、维修、改造、折旧、盘点等相关内容；应当严格执行固定资产日常维修和大修理计划，定期对固定资产进行维护保养，切实消除安全隐患；应当建立固定资产清查制度，至少每年对企业进行一次全面清查。

第八章 财务会计管理的实践应用

第一节 企业资源计划在财务会计管理中的应用

随着科学技术的发展，我国企业面临的市场竞争越来越激烈，想要在严峻的市场环境下获得更好的发展，企业管理者必须开始加强对内部管理的重视，通过提升内部管理水平来保证企业的市场竞争优势。企业资源计划是目前非常重要的企业内部管理信息系统，对于强化企业内部管理水平具有非常重要的意义，甚至会影响企业的整体经营效益，因此企业资源计划在企业中的应用范围不断地扩大。下面就针对企业资源计划在企业财务会计管理中的应用进行深入研究与分析，为企业提升财务会计管理水平提供参考。

企业资源计划能够从整体上掌握企业的经营状态，并且保存企业经营过程中产生的相关数据，这些数据能够在企业资源计划中被随时调取。因此，企业在编制财务预算的时候可以利用企业资源计划中的历史数据对企业未来一段时间内的财务情况进行预测，保证企业财务预算的准确性与科学性，提升企业财务预算水平。但是在企业资源计划中，无法明确地表示什么时候进行会计确认。企业资源计划中，财务行为都是在系统中完成的，因此没有真实的票据来进行会计的确认与处理，这就增加了企业会计确认的难度。因为财务会计人员无法确定会计确认的时间点，导致企业的会计确认情况非常混乱，影响了企业会计计量工作的顺利开展。

一、企业资源计划概述

（一）企业资源计划的含义

企业资源计划（Enterprise Resource Planning），简称 ERP，是在信息技术发展的前提下，企业利用信息技术对企业进行系统化管理，提高企业管理效率，保证企业决策层的管理、决策方案更加科学合理。

企业资源计划是一个非常全面的信息管理系统，它跳出了传统的系统管理模式，从供应链的角度去优化企业的资源，这对于提升企业的整体经济效益，提高企业的管理水平具有非常重要的意义。

（二）企业资源计划与企业财务信息结合的重要意义

1.提高财务会计管理水平

企业资源计划与企业财务信息结合，能够更好地保证企业财务会计管理水平的提升，为企业资源计划在企业中的应用奠定良好的基础。只有将企业资源计划与企业财务信息有机结合在一起，才能保证企业的企业资源计划是符合企业经营发展需要的，企业资源计划的作用才能充分地发挥出来，这对提升企业财务会计管理水平及经济效益具有积极意义。

2.转变财务会计人员工作重点

通过应用企业资源计划，企业内部的会计核算工作的性质发生了很大的改变，企业内部的财务会计人员从繁重的核算工作中解放出来，开始重视财务预算对企业管理者分析决策的作用。因此，财务会计人员的职能获得了很大的转变，财务会计人员只需要把相关的数据导入企业资源计划的系统中，就可以根据自己的需要精准获取各种财务会计数据，财务会计人员的主要工作就是针对数据进行分析，最终保证财务决策的准确性。

3.监管资金流动及企业运营情况

通过应用企业资源计划，企业的管理者可以及时掌握资金的流动情况，及时发现企业运营中的问题，提前做好充分的准备工作。应用企业资源计划时，财务会计管理人员如果发现企业面临资金困难，应该提前进行规划，保证资金管理的前瞻性。通过对资金流动情况的监督与管理，企业的现金管理水平及资金使用效率也能够获得一定的提升，这对企业长期稳定的发展具有非常积极的意义。

（三）企业在应用企业资源计划时的风险

1.增加企业会计核算量

企业资源计划是一种企业全面管理工具，在这个系统中，储存着与企业相关的多种信息。企业财务会计人员在工作中，可以参考企业运营及发展过程中的各种信息，通过分析相关信息来对企业的经营情况进行全面了解。但是随着企业资源计划的应用，企业财务数据不断增加，财务会计人员的核算工作量不断增加，会计核算风险也增加了，对提高财务会计工作质量造成了不利影响。

2.导致财务报告信息失真

企业应用企业资源计划能够加强管理者与普通员工对企业经营情况的了解，增强企业财务信息的全面性，提高财务信息质量，对企业发展具有非常积极的意义。企业资源计划能够加强企业内各个部门之间的联系，促进各个部门员工之间的沟通，保证企业各部门在工作中能够更加和谐地团结在一起，一切以实现企业的发展战略为根本目标，为企业更好地发展奠定良好的基础。但是由于部分财务会计人员的信息分析水平差异较大，有时无法从企业资源计划的系统中提取准确的财务数据，使得企业会计报告信息失真，无法准确地反映企业的经营情况，影响了企业会计报告的信息质量，造成企业的损失。

二、企业如何应用企业资源计划提升财务会计水平

（一）提高财务会计人员应用大数据技术的能力

应用企业资源计划后，企业的财务会计管理工作量大增。首先，必须要提升财务会计人员的专业素养与工作效率，保证企业内部的财务会计人员能够很好地满足企业资源计划对企业财务会计的工作要求。其次，为了能够提高企业整体的运作效

率，保证大量的数据信息能够得到准确、快速的核算，企业应该加强大数据技术的应用，通过大数据技术来提高企业财务会计人员的财务数据处理速度，保证财务会计人员能够在规定的时间内完成数据处理，在提高工作效率的同时还能提高工作的质量，为企业的发展奠定坚实的基础。最后，为了将大数据技术充分地应用到企业的财务会计工作中，企业还应该提升财务会计人员的综合素养，财务会计人员不仅要掌握专业知识，还要提高应用大数据等信息技术的能力。通过提高财务会计人员应用大数据技术的能力，保证大数据技术能够提高企业的会计核算水平与核算效率。

（二）加强对财务会计信息质量的监督与管理

企业想要提高财务会计信息质量，保证财务报告的信息真实有效，应该加强对财务会计信息质量的重视，设置专门的监督管理机构，对财务会计信息进行监督管理。为了保证财务会计信息的监督管理效果，在应用企业资源计划时企业应该提高财务会计信息质量，不断地创新监督管理方法。在应用企业资源计划后，企业各部门之间应通过企业资源计划的系统及时进行沟通与交流。各部门的员工都能通过该系统对企业的运营情况进行了解，也就能够理解企业管理者做出相关决策的原因，这有效地保证了部门之间的沟通与合作，减少了部门之间的矛盾，对企业战略目标的实现起到了积极的推动作用。因此，在应用企业资源计划时，企业应该提倡全员监督，增强监督管理的效果。

可以看到，在激烈的市场竞争环境下，企业要想获得更好的发展，不断地提升内部管理水平，就要加强企业资源计划的应用。企业在运用企业资源计划的同时不断改善经营方式，不断提高财务会计人员的专业技能水平，并加强对财务会计信息的监督管理，可以为提升经营效益、保证持续发展奠定坚实的基础，可以让企业在信息化智能化时代立于不败之地。

第二节 中小企业的财务会计管理

随着经济的发展与社会的进步，中小企业面临市场压力的同时也承担着企业之间的竞争压力。为提高企业的竞争力，完善财务会计管理十分重要。下面就中小企业财务会计管理工作中存在的问题进行探究，并针对其中的问题提出相应的解决措施。

一、中小企业财务会计管理中存在的问题

（一）中小企业的风险管理意识薄弱

中小企业的规模一般比较小，涉及的经营项目种类一般也比较少，资金量及管理能力相对于大型企业而言较为不足。按常理来说，中小企业的经营范围较为狭小，涉及的风险应该也较小，应该具备一定的风险控制及解决的能力。然而，中小企业通常对风险管理不重视，风险管理意识非常薄弱，认为自身的发展规模较小，不易受到市场风险的影响。企业管理者认为花费时间和资金成本进行风险管理是不必要的，他们把企业的重心放在追求利益上，没有实施长远的企业利益保障计划，使企业难以得到进步和提升。

（二）中小企业内部管理机制缺失

在企业内部控制制度的实施及发展过程中，内部审计占据着非常重要的地位。建设完善的内部审计制度及具备一个良好的内部审计环境可以提升企业的生产经营效率和财务会计管理水平。但是，目前许多中小企业仅仅是在文件层面上形成了内部审计机制，却没有发挥其应有的功效，缺乏内部审计的执行力度。企业内部的

审计人员通常是非财务专业人士，缺乏必要的财务管理知识及审计工作能力，难以保证企业内部审计工作的高效进行。同时，企业没有对内部审计进行有效的监督管理，导致内部审计人员消极怠工的现象时有发生，限制了企业财务会计管理工作的进步，阻碍了企业的发展。

（三）中小企业内部管理人员的素质有待提高

许多中小企业在管理上都有高度集权的特点，因为有相当一部分中小企业是家族企业，管理人员间存在亲属关系，很难保证管理工作的正常进行，常常会出现管理不严及内部包庇的情况。财务会计管理工作本身要求工作人员必须具备较强的人力管理能力及财务管理能力，然而一些管理人员不具备这些专业能力，常常会有工作上的失误，造成企业的损失，影响企业的效益。因此，企业只有提高财务会计管理人员的综合素质，才可充分保证企业日常业务的正常进行。

二、解决中小企业财务会计管理问题的措施

（一）中小企业需要吸取先进的财务会计管理经验

中小企业的管理层应充分认识财务会计管理的重要性。现阶段中小企业面临着日新月异的市场环境，承受着巨大的经营风险。因此，中小企业必须具备完善的财务会计管理制度，助力企业逆流而上。中小企业需要向大型企业或优秀企业吸取先进的财务会计管理经验，并充分认识当前自身的实际经营状况，完善自身的财务会计管理制度，利用规范化及标准化的管理保证企业经济活动的顺利开展。例如，企业分析自身发展中存在的不足及缺陷后，可以利用科学的管理方法和先进的技术手段来弥补。企业财务会计管理的发展要在吸取经验的同时不断总结经验以获得提高。

（二）中小企业要建立健全完善的财务会计管理制度

完善的财务会计管理制度是财务会计工作正常运行的有效保证。中小企业需要重视财务会计管理的理念，并对降低成本和增加利润的途径进行系统分析及研究，

总结归纳长期不增加利润的经济发展点,分析并解决其存在的问题,同时谋求新的经济增长点。

企业需要建立起严格的资金支出控制制度,根据实际的经营活动如实记录相关的财务情况。企业管理层应对财务工作加以检查及监督,以保证财务信息的准确性,杜绝以权谋私的行为。企业管理层可对资金的支出进行适当的授权处理,并进行定期总结,及时解决资金支出中存在的问题。

(三)中小企业要注重提高财务会计人员素质

中小企业提高财务会计人员素质应从以下几方面进行。

第一,企业管理层应详细了解每一位内部财务会计人员的情况,精简员工结构。

第二,企业管理层需要对财务人员进行定期的专业知识及技能的培训,并对员工的疑惑提供专业解答,尽可能提高员工的财务会计专业能力,使其充分了解并掌握企业的业务范围,可以独立解决工作中出现的问题。

第三,企业可以对财务人员工作能力、工作经验、工作态度及工作完成的情况进行定期的综合测评,促进其发挥自身的能动作用,激发其竞争意识,改变其工作态度,提高其工作效率。

第四,企业需要制订规范化、标准化的人才招聘流程,并设立严格的监管小组,杜绝走后门的现象。为企业招聘具备专业财务会计知识及管理能力的优秀人才,可以为企业的发展打下良好的基础。企业还需注重对新进入企业的财务人员进行企业文化培训,增加其对企业的认同感,并对其进行财务专业能力培训,使其掌握最新的理论发展方向和实务改革的发展趋势。

综上所述,中小企业财务会计管理工作存在许多本源问题。在中小企业的发展过程中,管理层必须充分认识财务会计管理在企业控制管理发展中的重要性,并积极找出企业自身存在的问题,吸收先进的财务会计管理经验,突破企业发展的局限,规范企业财务会计管理制度,以推动企业的进步与发展。

第三节 流通企业的财务会计管理

21 世纪,现代流通企业在发展中越来越注重财务的优化管理,应尽可能地做好财务会计核算和监督管理,同时逐步完善财务会计管理制度。

企业组织财务活动,越来越重视财务会计管理的多样化,结合相关的财务经济管理手段,对财务进行科学预测,实现对企业的多样化控制。对企业利润实施科学分配管理,彰显了商品交换的核心经济组织模式,对企业财务会计实施优化管理,实现企业经济效益的最大化。本节基于新市场经济环境,对流通企业的财务会计管理展开了深入分析。

一、流通企业财务会计管理现状

(一)存货管理难度较大

我国流通企业的财务会计管理中,虽然有着日益成熟的理论方法,但是关于存货的管理仍然存在各种各样的问题。当前的流通企业和工业企业不同,生产环节相对来说比较简单,而商品多为库存状态。流通企业的发展不仅仅受到库存地点的相关限制,同时还受到库存资金的限制,其存货管理存在着一定的问题,即存货积压和断货的矛盾。在存货数量的优化管理过程中,企业主要是采取流通结合负债经营的模式,筹资过程面临着较高的成本。一旦负债过重,企业需要面临较高的利息,同时经营成本显著增加,企业竞争能力减弱。目前国际市场的整体销售情况不乐观,尤其是现代流通企业在发展中存货积压相对较多,存货流动性较差,大量资金被占用,同时企业还要支付存货保管的费用,以致存货跌价时企业损失较大,企业成本逐渐上升,整体利润逐渐降低。

（二）财务会计管理人员综合素养普遍较低

要想做好财务会计管理工作，就要尽可能提升财务会计管理人员的整体学历和专业水平，并丰富财务会计管理人员的专业知识。而流通企业的财务会计管理人员整体综合素养相对较低，专业结构也较为单一。同时，虽然企业负责会计核算的专业人员相对较多，普通的财务管理人员也较多，但他们的财务分析能力较弱，企业资金缺乏整体的运营管理，企业的经营管理目标难以实现。在财务会计管理中，企业要提高会计电算化使用效率，强化财务会计人员的相关培训工作，同时也要做好财务会计人员的职能管理，实现内部的有效审计和财务监督管理，做好会计信息系统的有效分析，并提高流通企业财务人员的服务能力。

当前流通企业的财务会计管理中，不仅存在着存货管理难的问题，同时应收账款相对较多，存在不健全的内控机制，更有着综合素养普遍较低的财务会计管理人员。

二、流通企业财务会计管理的制约因素

（一）企业经营规模小

长期以来，流通企业有着较为缓慢的发展速度，而部分商品流通企业存在经营商品的结构不合理，对一些高利润、高附加值的商品难以进行有效经营等问题。同时，其进货数量和价格也存在一定的局限性，和大规模企业的进货量无法相提并论；而在供应商的配送中，中小型商品流通企业也难以和大型企业抗衡。

流通企业在设备、厂房等方面投资较大，但是员工的薪资待遇比较低，薪酬管理体系比较落后，造成企业的发展制度不健全，缺乏有效的监管、分配制度。企业的资金开源存在极大局限性，缺少相应的资金，企业在资金流转方面存在很大困难。受到传统财务会计管理观念的影响，许多流通企业在资金管理方面比较落后，虽然在银行账户中滞留大量资金，但资金使用效率比较低。流通企业的财务管理意识比较薄弱，造成资金周转不畅，不利于企业的可持续发展。

（二）财务会计管理水平较薄弱

部分流通企业的组织结构不完善，有着较为落后的经营管理模式，同时也有着较为松散的企业组织结构，财务会计管理水平相对较低，企业财务会计管理制度不完善。流通企业的现金管理以及会计核算管理缺乏较为严格的财务管理制度，同时会计的整体核算制度相对不完善，资金的筹集和运用、分配能力较低。流通企业因为其发展规模的局限性，在投资选择方面比较受限，实施多元化投资，会增加企业经营风险，不能直接实施资金的回收工作。如今，流通企业想发展，要不断积累相应的原始资金，要不断完善自我，更好地利用内源融资。但是，目前流通企业财务资金管理、处理方式不够规范，难以对资金实施有效的抵押处理，难以实现专业的融资过程。流通企业想要实施扩张、发展，但资金严重不足。

三、新市场经济环境下流通企业财务会计管理对策

（一）加强财务会计管理人员的培训，提高综合素质

新市场经济环境下，流通企业财务会计管理中，要强化管理人员的相关培训，提高管理人员的综合素质。企业管理层要不断深化自身的财务会计管理意识，不断更新自身的知识体系。企业要健全相关的培训体系，对管理人员的业务能力进行科学考核，实现其职业道德与专业能力的不断优化。与此同时，企业要落实财务会计人员的教育培训工作，不断丰富其专业知识储备，改善企业财务管理现状；在财务工作的创新管理中，要不断优化财务岗位交流制度，优化财务岗位结构，不断强化财务会计人员的集体意识。

（二）做好企业应收账款管理，优化财务预警体系

随着经济多元化的发展，企业要做好应收账款管理，不断优化财务预警体系，对客户的信用情况实施科学分析。具体来说，可以结合客户应收账款的实际记录，分析客户的信用情况。如果客户的信用比较差，要取消客户的赊销资格。企业财务

部门要建立科学的定延期支付制度,做好应收账款的催收管理工作。同时,要不断完善财务指标体系,根据相关的财务预警体系,对企业的发展现状实施分析,指出企业发展中遇到的问题,对企业的突发性危机实施科学分析,降低财务危机的损害。健全坏账准备金制度,要对应收账款实施科学控制,及时处理长期不能收回的应收账款,减少坏账带来的经济损失,实现企业的可持续发展。

第四节 互联网时代下的财务会计管理

随着信息技术的快速发展,互联网技术已经逐步进入经济发展的每一个角落,对每一个行业的发展都产生了深刻的影响。如今,许多行业都逐渐在向这一新时代的产物靠拢,将互联网技术带到行业的发展过程中,可以促进行业的快速发展。当然,企业的财务部门也需要紧跟行业发展的步伐,尽可能地运用互联网技术来处理企业的财务数据。

一、互联网时代下的财务会计特点

在互联网时代下,财务会计呈现出虚拟化、网络化和电算化等特点。

财务会计的虚拟化特点,是指企业在进行财务管理工作时,改变了传统的财务信息整理手段,开始利用网络平台,大大提高了财务会计的工作效率。

财务会计网络化的特点,指能够实现财务信息的实时传递,可以实现信息的高效传输。开放的网络模式可以使会计管理人员不再受到时间和地点的限制,使其无论何时何地都可以查询企业的财务会计资料和信息,从而更加高效地完成各类财务管理工作。

财务会计的电算化特点,也是互联网时代下的财务会计工作的核心特点,财务会计可以利用计算机技术对财务数据进行分析和整理，实现信息的快速处理，即使是非常复杂的财务信息，也可以借助计算机迅速处理完成，不仅节约人工，还大大提高了工作效率。

二、互联网时代下改进财务会计管理的措施

（一）完善财务会计工作制度

针对互联网时代出现的一系列新变化，企业应当完善财务会计工作制度，并根据新时代的要求，在财务会计工作制度方面进行全面更新，使财务会计工作不断适应企业内外部环境的变化，解决财务会计工作的实际问题。更新和完善财务会计工作制度要注意以下几点。

第一，财务会计必须顺应时代背景，着力按照新时代的要求更新传统财务会计工作制度。

第二，提高财务会计工作的规范性与简便性，注重运用信息化的方式加强财务会计管理。互联网技术可以简化各种操作，使财务会计管理在规范化基础上全面创新发展。

（二）增强对财务信息的保护

在互联网时代下，财务会计人员运用互联网进行工作时也面临着非常严重的信息泄露、信息毁损等问题。财务信息的泄露很有可能给企业带来极大的风险，所以企业应该加强对财务信息的保护力度。企业应该根据自身的经营状况安排专业的工作人员来完善企业的网络安全系统以及信息安全监督系统，防止企业的财务信息外泄。

（三）及时应用更新的企业会计理论

企业的财务会计工作随着经济的快速发展逐渐走向信息化、网络化，互联网技术在为企业的财务会计工作带来便利的同时也为企业的财务状况带来了许多的问题。传统的会计理论已经不适合互联网时代下的财务会计工作，所以企业为了能够

尽快适应新时代的发展要求，促进自身快速发展，必须及时对企业现有的会计理论进行更新。新的会计理论必须要与我国目前的经济发展状况相结合，适应互联网环境下的财务会计工作。企业应用更新的会计理论，有利于促进企业财务会计人员提高信息采集及整理的能力，也利于促进企业财务信息的公示。企业在开展财务会计工作的同时，还需要注意一个问题，即国家相关部门对企业的监督保护工作。企业应该及时掌握政府部门颁布的财务会计相关法律、法规，保证企业的财务会计工作能够正常依法进行。

（四）增强信息安全

在互联网时代，企业最需要重视的就是信息安全，信息一旦泄露，极可能会给企业带来巨大的经济损失，因此必须加强信息的安全保密工作，具体可以从以下几方面入手。

第一，是会计信息的安全控制，企业可以建立相应的管理制度及授权机制，如利用密钥加密技术对数据进行加密，以保证数据的安全。

第二，可以采用软件和硬件结合的形式保证信息的安全，如在购买办公室设备时应当选择功能完善和质量优等的软、硬件设备，保证其可靠性和安全性，还可综合考虑环境条件因素，延长软、硬件使用时间。

（五）加强对财务会计人员专业素质的培养

在互联网环境下，无论是操作各种软件客户端，还是尽快适应企业全新的管理方式，都是财务会计人员所要面临的挑战。为了使企业财务会计人员能够尽快地满足这些新要求，企业要注重提高财务会计人员职业道德，加强对财务会计人员专业素质的培养。企业应根据自身具体的经营状况，为企业的财务会计人员设计一套完善的财务会计人员培养体系。比如企业可以专门为财务会计人员开设网络课程，使每一位财务会计人员都能够了解并熟练掌握各种软件或者程序的操作步骤，并能够对整理出来的财务信息进行正确的分析。不仅如此，企业的财务会计人员也应该有足够的自觉性，在空闲时间积极主动地学习相关课程，并熟练掌握每一个操作步骤，不断地提高自己的专业素质。

三、互联网时代下财务会计的发展

随着互联网越发成熟,互联网成了财务会计高速发展的载体。互联网技术的发展,使财务会计的核算结果更加精确,并且核算的速度也得到了很大的提升。以往传统会计是人工核算,在核算过程中非常容易出现问题,导致核算结果不准确。利用互联网技术,会计人员能够在很短的时间内完成会计核算的工作,大大提高了工作效率。互联网的出现,使财务会计工作变得更加透明化和信息化,同时互联网也是财务透明化与财务信息化的重要保障。互联网使财务工作电算化,更加方便财务会计人员的工作,也使在财务工作过程中产生的数据更加安全可靠。简而言之,互联网对财务会计的发展具有积极影响。

互联网技术的发展对企业财务会计管理工作产生了巨大的影响,并且使财务会计管理的工作形式也发生了很大的变化。由于互联网技术的应用可以大大提高财务会计管理工作的效率,因此相关企业应该顺应时代潮流,与时俱进,不断加强对于财务管理安全技术的研究,建立完善的安全控制制度,从而保证会计信息的安全性和保密性,以实现企业财务会计管理的信息化。

第五节 知识经济时代下的财务会计管理

不知不觉间,知识经济时代已经来临,现代企业的财务会计管理只有做好信息的收集、整理、录入、分析,方能够在知识经济时代拥有一席之地。

一、知识经济概述

知识经济是指一种与传统的以农业为基础的经济和以工业为基础的经济相对应的以知识为基础的经济形态。农业经济时代，政府大力发展农业生产，加大对农业的投入从而达到获取更多经济效益的目的。而工业经济时代，政府将经济重心都放到工业发展上来，通过大力推进工业发展继而获得经济的快速增长。如今，社会经济发展的重要生产力已经变成了知识，紧跟知识经济发展步伐的企业都已经在各行各业显露头角，知识产业发展迅速，为人们的生活带来了许多收益，社会已经处于知识经济时代。

二、知识经济时代下财务会计管理受到的冲击

（一）会计历史成本原则受到的冲击

传统的财务会计管理通常采用历史成本原则确定企业内部财物的实际入账金额及计价的准则，企业高层通常使用历史成本原则在有形市场运转和市价浮动时对资金流动的相关信息进行捕获分析。然而，随着我国经济的发展，人均受教育水平大幅度提升，知识转化为生产力已经有了数不清的成功案例，有形市场受到冲击，整个人力管理和知识产业评估都开始了改革。因此，企业在知识经济时代下不得不将知识等无形资产纳入评估，而传统的历史成本原则并不能对此进行评估，所以使得历史成本原则在财务会计管理中的实用性大大降低。

（二）会计环境受到的冲击

科技、教育、政治、文化、经济等环境因素都在会计环境的范畴之内，会计环境会影响到企业的管理模式以及相关信息需求，所以知识经济时代的到来必定会对会计环境造成极大的冲击。由此可以得出，此后企业的财务会计管理的工作重心会大幅向管理各类知识方面的信息进行倾斜。对于一个企业来说，其财务会计管理环

境受到冲击，将会体现在各部门之间的资源配置变动以及组织形式的改变上，生产出更多知识类无形资产的部门将能得到更多的资源。

（三）现行会计核算方法受到的冲击

1.原始凭证受到的冲击

经济时代的全面到来使得人们的日常金融交易方式发生了巨大的变化，第三方支付平台等网络金融的兴起推动着电子货币的普及，使电子发票和电子表格逐步取代了纸质发票、账簿，原始凭证的填写方式和发送形式都受到了冲击。与此同时，随着互联网技术的普及，整个企业的日常采购、运作，包括资金流动等都不再依赖于纸质原始凭证，电子原始凭证逐渐普及。

2.复式记账受到的冲击

所有业务均以同样金额对一个以上的互联账户进行登记的记账方式即为复式记账，复式记账在知识经济的冲击下面临着数据量更大和数据内容更复杂的双重考验。企业在知识经济时代下如何调整复式记账的工作方式将关系到财务会计的工作效率和准确率是否能随着企业规模的扩张而得到保持。对此，企业可以对复式记账进行一定的革新：复式记账中的记账凭证不再只局限于常规的二元分类信息数据项，而是可以试着直接将分类信息数据项纳入记账凭证进行管理，如此可以令一项经济业务拥有一张以上的凭证，更加适用于知识经济时代下企业内部的财务会计管理。

三、知识经济时代下财务会计管理的发展方向

（一）财务会计管理手段向信息化、现代化方向发展

知识经济时代下，计算机的普及与发展，全球通信的实现，互联网的飞快运转，都将对传统的会计方法产生巨大冲击，财务会计管理手段将在会计电算化全面普及、运用的基础上实现信息化。全面使用现代信息技术，包括计算机、网络与通信技术，将使会计信息处理高度自动化，财务会计管理手段实现现代化。

（二）财务会计中介机构向多元化、专业化、诚信化方向发展

财务会计中介机构是企业财务信息质量保证的最后一道防线，是保证信息有效性和各类投资者合法利益的主要力量。知识经济时代下，市场竞争机制不断成熟，我国的财务会计中介机构要向多元化、专业化和诚信化的方向发展，以便在市场竞争中不断稳固自身地位。

1.多元化发展

会计师事务所是我国最为主要的财务会计中介机构，其通常为会计单位提供包括审计、资产评估、管理咨询、造价咨询、税务等诸多内容在内的服务。但在我国的会计师事务所中，审计业务在所有业务中占比超过八成，并主要以年度会计报表审计和上市公司审计为主要内容，我国会计师事务所的多元化发展明显不足。因此，我国的财务会计中介机构要发展多元化的业务服务。

一些会计师事务如果所没有足够的能力与精力发展多元化的业务服务，可以集中优势资源开拓某一项或几项业务领域，如此长期发展，事务所之间就会呈现出差异化发展的趋势，这样既可以避免过度竞争，同时又能提升各自的核心竞争力。

大型会计师事务所应该要做到"大而精，精而专"，建设自己的品牌。在各大型事务所之间还可以建立社会分工与协作的关系，进行资源共享，达到经济效益最大化。

大型事务所可以拓展国外市场，提升知名度，与国际真正接轨，而中小型事务所可以把国内的业务做精，不再依靠竞相压价来获得市场，这样的氛围有利于带动整个会计师事务所行业的持续、健康、多元化发展。

2.专业化发展

我国的财务会计中介机构起步晚，经营管理机制也相对落后，面对这样的现状，我国财务会计中介机构必须转变经营机制以不断适应变化了的社会实际。以会计师事务所为主的财务会计中介机构必须遵循市场经济规律，以客户需求为核心，在符合法律规定和行业准则的情况下积极开拓市场，不断提高业务能力。在管理中要不断借鉴国内外同行的成功经验，根据自身情况进行参考选用，不断完善我国财务会计中介机构的经营机制。此外，当前企业的竞争说到底是人才的竞争，因此财务会

计中介机构要获得长远持续的发展，必须重视人才的作用，对其工作人员要加大培训力度，提高其专业技能和职业道德等综合素质，同时也可以从企业外部聘请专业能力过硬和道德素质较高的人才进入机构，提高企业人才优势，以在激烈的市场竞争中保持不败地位。

3.诚信化发展

受到利益的驱使，财务会计中介机构作为理性的"经济人"，在业务活动中为了利益而违规甚至违法行事的情况时有发生。一些国际知名财务会计中介机构出现的会计丑闻，曾引起社会轰动，机构因此遭受关门的命运。可见，在会计行业，中介机构的诚信问题是何等的重要，但目前财务会计服务中介的诚信建设与社会的需求还相差较远。

在经济时代我国财务会计中介机构不断发展的态势下，必须不断强化其诚信建设，牢固树立行业诚信意识，营造诚信的行业环境，提高会计信息质量，严禁会计信息造假行为，将我国会计信息市场的发展朝着公平公正的方向推进。

注册会计师保持独立性是会计工作公正公平的前提。但是在市场经济功利性等不良因素的影响下，以及市场不正当竞争的推动下，会计师的独立地位受到极大挑战，会计师常常需要在生存压力和法律责任之间进行衡量。因此，必须不断完善我国财务会计中介机构的诚信机制建设，完善诚信制度，以制度来约束会计师和财务会计中介机构的行为，提高会计师的自律。不断完善我国会计师工作制度，如上市公司的注册会计师必须由公司的监管部门委派，并定期更换财务会计中介机构，杜绝会计师和财务会计中介机构与上市公司产生过于亲密的关系；对违法会计行为造成的损失，要求财务会计中介机构和会计师个人承担相应的责任，提高其违法成本。

诚信是会计行业的生存法则，会计师只有能够独立地开展工作，其工作结果才可能受到会计信息使用者和公众认可。财务会计诚信危机的直接根源在于职业道德问题。财务会计行业提倡的诚信、操守、准则等应成为会计工作的最高法则。

（三）财务会计人才向高素质、高技能方向发展

财务会计系统的运行过程必须与经济主体运行的全过程相适应，只有如此，才能提供准确的财务会计信息。因此，知识经济时代的财务会计人员将是具有多元知识结构和创新思维的复合型财务会计人才。

　　随着我国经济的发展和政府对教育的大力投入，我国人均受教育水平不断提高，为我国进入知识经济时代打下了良好的基础。知识经济时代的全面到来对财务会计管理形成了非常大的冲击，但不光是会计管理行业，各行各业都应该紧跟知识经济时代的步伐，加紧革新自身理论体系以及工作方法准则，重视知识的经济价值，实现成功转型，继而在知识经济时代下立于不败之地。

参 考 文 献

[1]童小春.财务会计[M].重庆：重庆大学出版社，2017.

[2]兰森豪.浅谈企业会计信息系统内部控制[J].品牌研究，2021(2):251-254，266.

[3]李玉荣.现代财务会计模式的根本缺陷与优化思考[J].财会学习，2017(11):87-88.

[4]车轩.论信息化对传统财务会计职能的影响与职能转变对策[J].行政事业资产与财务，2018(4):55，85.

[5]冷芳.会计信息系统架构的研究[M].成都：电子科技大学出版社，2015.

[6]李淑春.企业财务预算管理中存在的问题及解决对策[J].财会学习，2019(36):90-92.

[7]刘晓莉.企业经济发展与管理创新研究[M].北京：中央民族大学出版社，2018.

[8]李志国.企业财务会计管理中存在的问题及对策[J].中国市场，2020(32):99-100.

[9]杨佳慧，郭广忠.试论数据时代财务会计模式的转型与变革[J].山西广播电视大学学报，2018(3):100-104.

[10]王力强，李丹.大数据背景下财务会计向管理会计的转型研究[J].企业改革与管理，2016(5):106-110.

[11]王雯英.浅谈ERP在财务管理中的应用[J].现代经济信息，2016(24):182-184.

[12]陈娟英.互联网大数据时代对财务会计的影响[J].财会学习,2015(14):80-81.

[13]张咏梅,于英."互联网+"时代企业管理会计框架设计[J].会计之友,2016(3):126-129.

[14]聂玮.基于网络环境的企业财务会计管理模式创新[J].投资与创业,2018(12):110-111.